RESEARCH PAPER No. 19

THE ETHICS ERA IN CANADIAN PUBLIC ADMINISTRATION

Kenneth Kernaghan

Canadian Centre for
Management Development
June 1996

Canadä

For information or copies, please contact the
Research Group of the Canadian Centre
for Management Development

Phone: (613) 943-8370
Fax: (613) 995-0331

A WORD FROM CCMD

CCMD's commitment to deepening awareness and understanding of public service values and the ethical issues affecting public servants has resulted in the creation of a CCMD Study Team on Values and Ethics chaired by John Tait, former Deputy Minister of Justice and a Senior Fellow of CCMD. Kenneth Kernaghan, Professor of Political Science and Management at Brock University, is also a CCMD Senior Fellow and a member of the Study Team. The following paper on *The Ethics Era in Canadian Public Administration* has been prepared as one of the supporting research studies for the Study Team and its work.

Public concern about the ethical performance of politicians and public servants has grown over the last twenty years. This has resulted in a proliferation of ethics rules from all levels of government, but, as Kenneth Kernaghan wisely observes, codes of ethics should be seen as a starting point only. Rules cannot eliminate the need for high personal ethical standards, for leadership, for education and for clear organizational values statements expressing a commitment to shared ethical values such as integrity, dignity, fairness, respect, impartiality and accountability.

In this study, a follow-up to one he conducted twenty years ago, Professor Kernaghan guides us through the developing preoccupation with ethical issues over the past two decades in Canada and outlines the steps that have been taken by governments to establish codes of conduct for public servants. He distinguishes among three major categories of public service ethics — policy ethics, individual (or personal) ethics and organizational ethics — and shows how each of these areas can pose particular challenges for public organizations. He notes that issues of confidentiality, political partisanship, discrimination, harassment and the ethics of whistle blowing have been at the forefront of public discussion, but other ethical issues, especially those associated with public service reform, have tended to be overlooked as governments try to become more efficient, effective and responsive through innovation. Empowerment, for example, which enables employees to exercise greater decision-making authority, also provides opportunities for conflict of interest, while the move to government partnership with private sector organizations reduces accountability for the use of public funds.

The complexity of the issues confronting government now, and the prospect of new ethical challenges in the next century, underline the need for public organizations to assess the adequacy of their ethics regimes and to take a systematic approach to promoting ethical conduct. To assist in this process, Professor Kernaghan concludes his study with an outline of the components of an ethics regime.

CCMD welcomes this paper as an important addition to its research and publication program. It explores issues that are as important for the public service of the future as they have been throughout the long tradition of Canadian public administration.

Janet R. Smith
Principal

Ralph Heintzman
Vice-Principal, Research

TABLE OF CONTENTS

CANADIAN CENTRE FOR MANAGEMENT DEVELOPMENT

I

INTRODUCTION

In the sphere of public administration, and indeed in government generally, the ethics *decade* of the 1970s has blossomed into what appears to be an ethics *era*. The historical pattern in Canada of rapid rise and fall of public concern about government ethics has been broken by a period, now about twenty-five years old, of sustained interest in the ethical performance of public officials — whether politicians or public servants. During this period, the ethical dimension of public administration has become much more significant, but it is still a fragile dimension. It needs to be considerably strengthened if it is to become an integral — and enduring — part of the discipline and the profession.

Recent initiatives to enhance the ethical performance of public officials include the creation of a study team on values and ethics by the Canadian Centre for Management Development[1] and the 1995 report of the Auditor General of Canada on ethics and fraud awareness.[2] The impetus for the Auditor General's report was his recognition that "Canadians are concerned about integrity in government and they have the right to expect the highest ethical standards in their government."[3] The report found that, overall, public servants in the four departments where interviews were conducted "believe that the programs in which they work are administered ethically and that the risk of fraud is low."[4] The report concluded also "that ethical standards in government compare very favourably with those in the private sector and with those of governments in other countries."[5] However, as explained later in this paper, the report provides grounds for concern about the attitudes of some public servants on ethical issues.

This paper has two major purposes. The first is to review what we have learned, especially since the 1970s, about maintaining and promoting ethical conduct in the public service. The second purpose is to use this knowledge to provide a basis for governments to evaluate and improve their ethics *regime*, that is, the collectivity of their measures for enhancing public service ethics. By the mid-1990s, most of the components of the ethics regime outlined later in this paper had been adopted by at least one public organization in Canada, but no single organization — or government — had adopted all, or even most, of the components.

The second section of this paper explains the broad scope of public service ethics. This is followed in the third section by an account of the development of public service ethics from the early 1970s to the mid-1990s. The fourth section explains considerations underpinning the design of an ethics regime and the fifth section outlines a regime's possible components. Some of the data for the paper are drawn from information collected from public organizations at all levels of Canadian government.[6] This study is a follow-up to one conducted twenty years ago.[7]

II

THE SCOPE OF PUBLIC SERVICE ETHICS

Given the complexity and pervasiveness of the ethical dimension of public administration, it is useful to distinguish among three major categories of public service ethics.[8] The first category, that of *policy ethics*, refers to the ethical implications of policy decisions and recommendations. Public servants face difficult ethical choices in making or recommending policy, especially, for example, with respect to policy issues like AIDS or the regulation of hazardous products — issues where human life is at stake. Consider also the unenviable task of making ethical choices among competing rights: "the government has to decide between the rights of children to be well educated and the rights of seniors to more complex forms of health care....Or between the human rights of prisoners and society's right to be well protected."[9] Other policy issues with important ethical implications, such as employment equity and freedom of information, impinge to a large extent on the public service itself.

The second category — that of individual ethics (or personal ethics) — refers to the personal ethical standards that public servants bring to their decisions and recommendations. There is a significant ethical component to the actions of public servants because of their power in the policy process, their privileged access to information, and their responsibility for allocating public funds. Despite the proliferation of written rules, it is often necessary to rely on the ethical standards of the individual official and, ultimately, on his or her conscience. "A first principle of professional morality is that being accountable to others does not make you any less accountable to yourself. We are entering a period when this will be seen as even more important than before....The vitality of government is partly dependent on how well we understand and respect this principle of personal ethics."[10]

The third category is *organizational ethics*, that is, the ethical duties and obligations imposed by the organization(s) to which one belongs. Public servants occasionally experience conflicting organizational demands within the government itself. In addition, they must on occasion deal on the one hand with conflicts between their personal ethical standards or the policy choices they would prefer to make, and on the other hand with the demands of the organizations they serve. For example, a public servant with knowledge of wrongdoing within government may have to choose between loyalty to the government of the day and personal conviction that the public has the right to know about the wrongdoing.

Given the very broad scope of policy ethics, this paper deals primarily with the categories of personal and organizational ethics.

III

PUBLIC SERVICE ETHICS:
EVOLUTION AND EXPECTATIONS

THE 1970s: THE ETHICS DECADE

The upsurge of public concern about government ethics, which began about 1970, did not result from widespread revelations of unethical behaviour involving public servants; the number of reported offences was small. But some of the offences were serious and governments began to realize that unwritten rules and understandings on ethical conduct no longer provided sufficient guidance for a large and complex bureaucracy. Moreover, the news media began to pay more attention to uncovering and reporting ethical infractions, especially those by politicians. Concern about *political* ethics spilled over to the public service realm as the public tended to tar all government officials with the same brush.

Members of opposition parties reinforced media allegations and fed the media with allegations of their own. The media also gave much publicity to ethical controversies in other countries. Coverage of the Watergate affair in the United States, for example, heightened public concern about government ethics in Canada. In addition, the gradual post-war rise in the public's standards for ethical performance in government was accelerated by this publicity. A sign of these times was that apparent conflicts of interest began to be treated almost as seriously as real conflicts. In addition, the increased interest in government ethics was part of a society-wide growth of concern about ethical issues in general, whether in government, business, medicine, law, journalism or other occupations.

A study conducted in 1974 of public service ethics at all levels of government showed that the major problem area was conflict of interest, followed by issues of confidentiality (especially the leaking of government information), political partisanship, and public comment.[11] These areas received the most attention from the media, the public, the government and academe. Other significant ethical issues, especially in the human resource field (for example, the integrity of the competition process and of performance appraisal), were comparatively neglected. And little attention was given to the pervasiveness of ethical issues in the day-to-day decision making of public servants. Moreover, the focus was on unethical behaviour as opposed to ethical conflicts and dilemmas where the right thing to do is not clear. While the early high-profile issues are still problematic, their relative importance has changed, new problem areas have emerged, and the subject of tough ethical choices receives more attention.

The unprecedented public concern about ethics during the early 1970s was matched by an equally unprecedented outpouring of ethics *rules*[12] from all levels of government. Indeed, a primary focus of early writings on public service ethics was on the form, content and administration of ethics rules, especially codes of ethics. Before this time, governments' ethics rules were few in number and, because they were largely piecemeal responses to particular problems, they were scattered throughout various government documents. No government had a statement of ethics rules that came close to being a comprehensive source of information on proper ethical behaviour. By the end of the 1970s, governments' ethics rules had become large in number but, in most jurisdictions, they were still dispersed.

The rules usually dealt solely with conflict of interest, but some governments covered all four of the problem areas noted above. Most governments developed rules for public servants that were separate from those for politicians (usually for Cabinet ministers), but some rules covered both elected and appointed officials and some provincial rules covered municipal as well as provincial officials. In some governments, service-wide rules were complemented by departmental rules tailored to particular needs and problems.

THE 1980s: REDUCING UNCERTAINTY

In the early 1980s, it became clear that the public's interest in government ethics was still on the rise. In response, more and more governments adopted ethics rules and many governments refined and consolidated their existing rules. These rules provided greater certainty as to what constituted ethical conduct, sometimes by specifying in statutes or regulations that certain activities were either permissible or prohibited. Nevertheless, public servants were left with considerable discretionary authority and it was often necessary to rely on their personal ethical standards rather than on written rules.

For several reasons, conflict of interest remained the leading problem area. First, many allegations of conflict of interest, involving primarily federal and provincial Cabinet ministers[13] but also involving municipal officials, were reported. Second, opposition parties used conflict of interest allegations to undermine public support for the governing party. Third, there was much public displeasure over the special access which some lobbyists, including former politicians and public servants, had to federal government decision makers. Fourth, the range of activities covered by the term conflict of interest was considerably expanded.[14]

In 1984 a federal task force on conflict of interest[15] recommended that the government enshrine in statutory form a Code of Ethical Conduct for all public office holders and that an Office of Public Sector Ethics headed by an Ethics Counsellor be established. In response, the Mulroney government adopted a Conflict of Interest and Post-Employment Code for Public Office Holders; it contained, among other provisions, nine principles dealing with conflict of interest.[16] Treasury Board applied the same principles to public servants in a separate code.[17]

Not only in the conflict of interest sphere, but also in the problem areas of confidentiality, political partisanship and public comment, the limits of permissible activity were spelled out more clearly by written rules. By the end of the decade, there was a clear trend in the direction of clarifying and expanding the rights of public servants to engage in partisan political activity and public comment. In the area of confidentiality, new rules, including freedom of information statutes, narrowed the scope of administrative discretion by providing greater specificity as to what information the public could obtain and thereby reducing somewhat the temptation to leak government information. While rules supporting individual privacy were also promulgated during the 1980s, concern about the "right" to know took precedence over that of the "claim" to privacy.

The ethics of human resource management received little public attention during this period, except for the issues of employment equity, discrimination and workplace harassment, especially sexual harassment. During the 1980s the area of workplace harassment experienced the most striking growth of ethics rules, often in the form of a lengthy, detailed and separate set of rules. Despite the provision of written rules in these areas, the need for public servants to interpret and apply the rules left much room for the exercise of personal ethical judgment. Regardless of the organizational ethics involved, in most areas of human resource management public servants can often base decisions on grounds that are ostensibly proper but, in reality, unethical. Thus, several governments have adopted rules to emphasize that employment equity is integral not only to organizational ethics but to personal ethics as well.

The realization that ethics rules are necessary, but insufficient, for promoting ethical behaviour prompted a few governments to offer ethics education (or training), especially to senior executives and managers. In addition, several university programs in public administration and political science began to offer courses on public service ethics.

By the end of the 1980s, a large number of public organizations had developed strategic plans, many of which contained a statement of the organization's values, including *ethical* values. A recent study showed that public organizations in Canada rank the ethical values of integrity, accountability and fairness/equity among their top organizational values.[18] The fact that these particular values commonly appear on short lists of the most important values for ethical decision making in both public and private sector organizations[19] indicates the extent to which concern about ethics had penetrated public administration by this time.

THE 1990s: CONTINUING UNCERTAINTY

Despite the proliferation of ethics rules during the 1980s, a great deal of uncertainty remained as to what constituted responsible bureaucratic behaviour, even in such longstanding problem areas as conflict of interest, political neutrality, confidentiality and privacy.[20] Severe financial constraints have exacerbated the problem. It has frequently been suggested, for example, that low morale, resulting from downsizing and salary freezes, has led some public servants to focus on personal survival rather than personal ethics. One reported consequence has been increased moonlighting.

A large number of public organizations still have few or no ethics rules. Most governments have service-wide rules on conflict of interest and some of these apply not only to regular departments but also to agencies, boards and commissions.[21] A survey of the latter organizations, however, found that less than a third of them had formal conflict of interest rules and that the rules that did exist were "very rudimentary."[22] Moreover, there were marked differences of opinion as to the necessity for ethics rules. For example, most marketing boards (which are usually composed of representatives of the industry being regulated) claimed that they didn't need rules because they didn't encounter conflict of interest issues; yet the rules of one marketing board were "among the strictest of any agency surveyed."[23]

In the federal sphere, the Liberal Government announced[24] on June 16, 1994 the appointment of an Ethics Counsellor to "be available to the Prime Minister" to investigate complaints against ministers and senior officials regarding conflict of interest and lobbying, to investigate complaints about the activities of lobbyists, and to administer the Conflict of Interest Code for public office holders. Two additions were made to this code. A new principle provided that decisions shall be made "in the public interest and with regard to the merits of each case." And a new compliance provision required public office holders "to avoid giving preferential treatment to persons or groups based on the individuals hired to represent them" — an addition designed to prevent the exercise of undue influence by certain lobbyists. These additions were not made to the conflict of interest code for the public service.

Much of the battle over the appropriate balance between the political neutrality and political rights of public servants was decided in the courts. A landmark Supreme Court decision in 1991, based on the Charter of Rights and Freedoms, expanded the political rights of federal public servants and reduced uncertainty as to what political activities were legal.[25] Within this legal framework, public servants still exercise individual judgment as to what level of involvement in these activities is ethical. The Treasury Board has advised federal employees that they may participate in partisan political activities, but

- they must remain loyal to their employer, the Government of Canada;

- their activities should not jeopardize the tradition of the Public Service as a politically neutral institution;

- this may imply some restraint on the political involvement of employees.[26]

While the Supreme Court's decision applied specifically to federal public servants, it provides a legal basis for the expansion of political rights in provincial and municipal governments as well.

The issue of political neutrality — and its relationship to the constitutional conventions of ministerial responsibility and public service anonymity — also arose in the 1991 Al-Mashat affair.[27] Continuing uncertainty about the ethics of relations between Cabinet ministers and public servants was demonstrated by the willingness of ministers to name and blame their officials publicly.

Several other problem areas are either becoming more important or are emerging as major issues for the 1990s and beyond. One of these is the ethics of information management. The massive flow of data along the "information highway" will exacerbate the current, and inherent, tension between openness on the one hand and both confidentiality and individual privacy on the other. Government openness is often urged on the grounds that unethical behaviour cannot usually withstand public scrutiny. At the same time, however, governments must protect the confidentiality of sensitive information in their files and guard against infringements on citizens' privacy, not only by other citizens but by governments themselves.

Intermittently since the early 1970s, a few public servants have forced a measure of openness on governments by disclosing confidential information about government wrongdoing to the public, either overtly or surreptitiously — a practice known as "whistle blowing." The Auditor General, in the section of his report dealing with the creation of an ethical framework for government, argues that "it must become normal for employees to state their reservations about actions that they consider to be of questionable ethics."[28] Moreover, he contends that public servants should have "a clearly designated place where they can go to discuss or report ethical issues they encounter"[29] and there should be mechanisms to allow them to do this without reprisal — for example, whistle blower protection legislation.

The longstanding debate about the ethics of whistle blowing has been invigorated by the Ontario government's decision to provide statutory protection from retaliation to public servants who blow the whistle against *serious* government wrongdoing.[30] The absence, or inadequacy, in many public organizations of internal remedies for public servants' concerns about wrongdoing is likely to increase public support for legislative protection of whistle blowers.

Whistle blower protection legislation provides for a government-wide independent counsel with whom public servants can, in confidence, discuss their concerns about government wrongdoing. An alternative mechanism is to have an ethics counsellor for the government as a whole or for individual departments and agencies, not only to investigate such complaints but also to provide advice on ethics issues generally. A few public organizations have created an "ombudsman" service to deal with employee concerns about unethical conduct.[31] For example, the federal Department of Communications has an Ombudsman Service in the form of an independent firm of professional counsellors which acts as a neutral third party to investigate complaints and negotiate solutions in such areas as discrimination and harassment and allegations of unfair decisions by managers.

Issues of discrimination and harassment have become more prominent, in part because of widespread societal concern about workplace harassment and in part because of employment equity programs designed to make the public service more representative of such groups as women, visible minorities and aboriginal peoples. Managing an increasingly diverse workforce has raised difficult issues of both organizational and personal ethics.[32] The workplace environment of many organizations discourages the upward mobility of members of underrepresented groups and in some organizations there is a significant number of incidents of racial and sexual harassment.[33] Beyond these basic problems, however, is the frequent uncertainty and, therefore, the apparent insensitivity of managers as to what constitutes ethical behaviour in dealing with employees who have different backgrounds and values. "It is not bigotry or biased treatment — both are intolerable in public service — but more subtly demeaning behaviour, stereotypical thinking and treatment, inadvertent slights, and misunder-standings."[34]

A new problem area, at least in its magnitude, is the ethics of public service reform. In the pursuit of more efficient, effective and responsive government through innovation, ethical considerations have received shorter shrift than political and managerial ones. Yet many of the ethical implications are closely linked with politics and management. Consider the following examples. Empowering employees by enabling them to exercise greater decision-making authority and interact more closely with the public puts increased onus on their personal ethical standards and provides more opportunities for conflicts of interest. Government partnerships with private sector organizations can reduce government's accountability, especially when these organizations refuse to reveal financial information bearing on partnerships financed in part with public funds. George Frederickson, a strong critic of the reinventing government movement in the United States, goes so far as to argue that "it is fashionable to degovernmentalize on the promise of saving money and improving services" but as "previously governmental functions are shifted to the private sector or shared, it is a safe bet that corruption will increase."[35]

During the past decade, politicians' promises to restore public confidence in the integrity of government have become a staple of election campaigns and newly elected governments. But the federal Liberal Government, elected in 1993, has formally recognized not only the importance of ethics rules but also their limitations. The government promised rules to minimize conflicts of interest, but it noted that "Integrity in government is not simply a matter of rules and regulations — it is also a matter of the *personal standards* and conduct of Ministers, their staff and *officials at all levels.*"[36]

What *are* the personal standards and conduct of government officials? The Auditor General's study[37] provides empirical data on the standards of public servants in terms of what they *think* is appropriate conduct in certain hypothetical situations. *No evidence is provided on the actual conduct of public servants.* The study found that 89 percent of employees (96 percent of senior managers) think that it is *inappropriate* "to accept the use of a ski chalet from a recipient of their contribution or grant program."[38] Expressed another way, the findings were that 11 percent of employees (four percent of senior managers) thought that accepting such a gift is *appropriate.* Some additional findings were as follows:[39]

- twenty-five percent of employees (six percent of senior managers) think that it is appropriate to accept at cost, goods or services for personal use from a supplier to their program;

- thirty percent of employees (11 percent of senior managers) think that it is acceptable for an employee to hire a brother-in-law on an untendered contract;

- twenty-eight percent of employees (77 percent of senior managers) think that it is appropriate for a senior official of a department to use knowledge gained while working to secure a position with a firm wanting to do business with government.

It is notable also that less than half of employees (compared to 85 percent of senior managers) said that they would take action to stop or report the first three conflicts of interest; 42 percent of employees (62 percent of senior managers) would stop or report the fourth conflict, that is, using one's knowledge to secure a position with a business firm.[40]

On issues of impartiality and objectivity,[41] the study found:

- only one percent of employees (six percent of senior managers) think that it is appropriate for a government employee, at the direction of a senior official, to not impose fines or penalties against a particular company even though other companies in identical situations are being fined or penalized.

- fifteen percent of employees believe that it is acceptable for a government employee, at the request of a supervisor, to write a contract specification for a competitive contract, so that a particular bidder will win.

Thirty-two percent of employees (17 percent of senior managers) would take no action regarding the abuse of the fine system, and 37 percent of employees (23 percent of senior managers) would do nothing to stop or report the tailor-made contract.

The study also found that many public servants have little or no knowledge about the existence or contents of the government's conflict of interest policy, and that about one-third of employees believe that their job security would be threatened if they were to report a conflict of interest matter involving a supervisor or a senior official of the department. With respect to public servants' knowledge of the government's key policy on illegal acts against the Crown,[42] 57 percent of senior managers either did not know of the policy's existence or could not mention any provision of it.

These findings suggest what is already well known in the study of ethics generally, namely that ethics rules are not sufficient to ensure that everyone in an organization knows the rules and understands what ethical conduct if appropriate. Ethics training can help to remedy this problem. The Auditor General's study found that four percent of employees in the nine departments he studied had received some ethics training. In provincial governments, the resources devoted to ethics training, which were already sparse, have actually declined in recent years, in part because resources for "soft areas" like ethics are among the first to be cut back in times of financial constraint.

In view of the enduring problems of public service ethics noted throughout this paper and in preparation for dealing with the emerging ethical challenges of the new century, public organizations should assess the adequacy of their ethics regime.

IV

DESIGNING AN ETHICS REGIME

Sustained public concern about government ethics during the past twenty-five years has been accompanied by a small, but steady, growth in scholarly writings on this subject, especially in the United States. On the basis of these writings and of practical experience with ethics rules, a number of assertions can be made about the composition of an ethics regime for public organizations. The ethical culture and, therefore, the need for the various regime components outlined in the next section of this paper vary from one government to another and from one organization to another within a single government.

It is widely agreed that ethical conduct by public officials is essential to public trust in government, and that the current level of trust is lamentably low. The fact that questionable conduct by politicians accounts for a large part of the public's distrust does not obviate the need for high ethical performance by public servants. Yet most public organizations do not have a coherent, comprehensive and easily comprehensible ethics regime designed to enhance the reality and the perception of ethical behaviour.

There is considerable consensus among governments on the matters to be covered by ethics rules, namely, conflict of interest in its several varia-tions, political partisanship, public comment, employment equity, discrimination, workplace harassment, and confidentiality. The protection of individual privacy has received comparatively little attention, except as a by-product of rules to protect confidentiality. In this connection, it is significant that the Auditor General recommended that the government adopt a statement of general principles covering "all relevant groups" (that is, ministers, members of Parliament and public servants); these principles would address not only conflict of interest but also such topics as privacy, confidentiality and harassment that are not covered by the current code of conduct.[43] This new statement of principles would be based on, and would elaborate on, the revised (1994) code of conduct for public office holders. (See Appendix A.)

Some organizations continue to rely largely on unwritten ethics rules in the form of understandings and practices, but the trend is towards the use of written rules. It is certainly preferable to have public officials debate the *interpretation* of written rules than to argue about whether there are any rules at all. "Since Hammurabi, Moses and Hippocrates, codifiers and executors have operated on the theory that it is easier to do the right thing when one knows what that is."[44] Moreover, the absence of written rules, like the paucity of resources for ethics education, signals a lack of commitment.

Ethics rules take a variety of forms, but a code of ethics, that is, a single document providing guidelines for the major problem areas, is the most common form. While some governments have put certain ethics rules in statutory form, especially rules for politicians, the general inclination is to avoid the common pattern in the United States of enshrining ethical standards in statutes. Whatever form is chosen, ethics rules must be carefully crafted and vigorously administered.[45]

Some problem areas, such as conflict of interest and fraud prevention — the focus of the Auditor General's study — can be managed to a substantial extent through written rules. But these high-profile issues constitute only a small part of the broad sphere of public service ethics. Many other ethics issues, including human resource matters and such dilemmas as deciding when lying is justified or the appropriate measure of risk to public health and safety, cannot be easily managed by reference to ethics rules in general or ethics codes in particular. "Codes must be but the starting point for a broad inquiry into the ethical quandaries at work."[46]

It is notable also that certain activities that are legal, permissible or possible under written rules may not, in practice, be ethical. Thus, while written rules can provide greater certainty and narrow the scope of personal discretion, they cannot eliminate the need for ethical choice. Regardless of how well crafted and well administered the rules are, there must still be considerable reliance on other measures and, ultimately, on the moral character of individual public servants.[47]

By what means can we ensure that personal ethical standards are high enough and that they are harmonized with organizational ethics? Aside from formal rules, the primary means available are education and leadership, especially for the purpose of promoting a vigorous dialogue on policy, personal and organizational ethics and on the efficacy of existing rules.[48]

There is considerable empirical evidence that ethics education can be effective in influencing "awareness of moral problems" and "the reasoning/ judgment process" among young adults in their twenties and thirties.[49] Hence, the increased emphasis on ethics education in university public administration programs. In addition, impressionistic and anecdotal evidence suggests that ethics education for persons beyond this age group can sensitize them to the ethical dimension of their decisions, improve their skills for analyzing ethical issues, and reduce their uncertainty as to what is ethical. It is intended that the ethics dialogue be carried over from the workshop to the workplace. "Training will not help those who have no interest in ethics, but for those who care (and this is the vast majority of civil servants at all levels of government), such training will help them to improve both their ethical sensitivity and understanding."[50]

Ethical leadership is the single most important determinant of ethical behaviour in both public and private sector organizations.[51] "Even the best codes of conduct or conflict-of-interest guidelines could not protect Canadians from a government that was not fundamentally honest."[52] In government, the ethical performance of Cabinet ministers and their senior public service advisors is extremely influential in setting the ethical tone of the organization as a whole; but given the fact that "good" leadership is needed at all levels of the organization, the ethical performance of managers and supervisors below the most senior echelons is important also. Thus, senior managers, in addition to providing an exemplary model of personal ethical behaviour, should communicate their ethical expectations throughout the organization — and they should be held accountable for their performance in doing so. Too frequently "we promote or appoint candidates taking only the 'numbers' into account, and neglecting the values. In the long run this can only be harmful to the public service, an organization that more than any other depends on a culture and ethos of service."[53]

The culture and ethos of the public service as a whole, and of individual public organizations, can be articulated and communicated in part through value statements expressing comitment to shared values, including *ethical* values. These value statements are sometimes described and promoted as codes of ethics, but they usually contain values (for example, effectiveness, innovation) that are not generally considered to be ethical values. Most value statements contain at least some ethical values that can serve to enhance an organization's ethical climate; they should not, however, be considered a substitute for ethics rules in general or ethics codes in particular. Ideally, a code of ethics dealing with such matters as confidentiality and workplace harassment should supplement, and should be logically and explicitly related to, a value statement containing such ethical values as integrity and fairness. A statement of the organization's values, or principles, can provide the philosophical underpinning on which ethics rules are based. For example, one code, covering such problem areas as conflict of interest, confidentiality and political involvement, emphasizes in its preamble the values of dignity, fairness, respect, professionalism, accountability, integrity and impartiality.[54]

As explained below, an ethics regime can contain a variety of other measures that complement or supplement the primary components of rules, education and leadership.

V

COMPONENTS OF AN ETHICS REGIME

The measures outlined below are designed for application to the public service, but they can be combined with measures applicable to government as a whole, that is, to both politicians and public servants. Some of these components are contained in the section of the Auditor General's report on "possible elements" of an ethical framework.

1. The evaluation of ethical performance as a basis for appointing and promoting all members of the public service, but especially its leadership.

    Note: The New Brunswick Office of the Comptroller General requires that employees sign off "to acknowledge their understanding of [the Code of Conduct] on an annual basis as part of their performance review."

2. A statement of values, including ethical values, either as part of a strategic plan or as a separate document.

    Note: This document is sometimes described as a credo or a statement of principles or philosophy.

3. A code of ethics (or conduct), linked to a value statement (if one exists) which sets out general principles of ethical conduct.

    Note: If there is a government-wide statement on ethics, it can be elaborated by various sub-codes to meet the needs of particular categories of officials, for example, Cabinet ministers, legislators, public servants, Crown agency employees.

4.   Elaboration on the code, usually as commentary under each principle, which explains more fully the meaning of the principle and/or provides illustrations of violations of the principle.

5.   Reference to the existence of ethics rules (statutes, regulations etc.) related to the problem areas covered in the code and/or to problem areas covered elsewhere.

   Note: Rules on such matters as harassment and discrimination often constitute part of a collective agreement between the government and an employee union.

6.   Elaboration on the code, either following each principle or in a separate part, which adapts the code's principles to the particular needs of individual organizations.

   Note: Conflict of Interest Guidelines for Manitoba's Department of Family Services supplement government-wide guidelines to provide for the particular problem of employees who work closely with community based organizations but also participate in the community as citizens.

7.   Provisions for administering the code, including publicity, penalties for violations and provisions for grievance.

   Note: One technique for publicizing the code, especially in respect of conflict of interest, is to circulate it annually to all employees and have employees attest by their signature that they have read and understood it.

8.   An ethics counsellor to perform advisory and administrative functions for senior public servants across the government.

   Note: An ethics counsellor could also perform investigative and educational functions. He or she could perform the same functions for cabinet ministers.

9.   An ethics counsellor, ombudsman or committee to provide advice on ethics rules and ethics issues within a single department or agency.

10. Ethics education/training for public servants, beginning with the most senior echelons and new employees.

These approaches can be supplemented by other measures that are less common or more controversial than those shown above.

11. An ethics audit to evaluate the organization's policies and procedures for preserving and nurturing ethical behaviour.[55]

    Note: Depending on the sophistication of the existing ethics regime, the audit can be done either before any of the above measures are adopted or as a means of assessing a regime already in operation.

12. The raising of ethical considerations in a deliberate and regular way at meetings and through such other means of communication as newsletters.

13. The provision of a confidential hotline that public servants can use to discuss concerns about their personal ethical behaviour or that of others.

14. The inclusion of exit interviews (interviews with employees leaving the organization) to ask questions about the employee's view of the ethical culture of the organization.

The objective of outlining these components of an ethics regime is to encourage public organizations to take a systematic approach to promoting ethical conduct. The measures chosen, however, must be carefully geared to the unique requirements of individual organizations. What has been said about codes of conduct can be said about ethics programs as a whole, namely, that they "should be crafted from a rich empirical base, understandable in the climate of the particular agency, making sense to those to whom they apply — down-to-earth, realistic....The goal is to underscore that the standards of honesty go hand in hand with those of efficiency and competence."[56] An ethics regime containing an appropriate selection of the measures discussed above can help to make ethics an integral part of daily dialogue and decision making. In government decision making, ethical considerations are tightly intertwined with political and managerial ones and all three dimensions are essential to successful governance.

NOTES

1. This paper was initially prepared as a discussion paper for the Centre's study team.

2. Auditor General, "Report of the Auditor General to the House of Commons for May 1995," ch. 1, *Ethics and Fraud Awareness in Government* (Ottawa: Minister of Supply and Services, 1995).

3. Ibid., p. 1-7.

4. Ibid., p. 1-10. The report explicitly acknowledged that the areas of conflict of interest and fraud are only part of the large field of government ethics.

5. Ibid., p. 1-24.

6. These data were collected as part of a broader study concerned with organizational values. The response rate was 42 percent (342 responses from 816 mailed requests for information). For the findings on organizational values, see Kenneth Kernaghan, "The Emerging Public Service Culture: Values, Ethics, and Reforms," *Canadian Public Administration*, vol. 37 (Winter 1994), pp. 614-630.

7. See Kenneth Kernaghan, *Ethical Conduct: Guidelines for Government Employees.* (Toronto: Institute of Public Administration of Canada, 1975).

8. See T. Edwin Boling and John Dempsey, "Ethical Dilemmas in Government: Designing An Organizational Response," *Public Personnel Management*, vol. 10 (1981): pp. 11-19.

9. Elaine Todres, "The Ethical Dimension in Public Service," *Canadian Public Administration*, vol. 34 (Spring 1991), p. 13.

10. George Thomson, "Personal Morality in a Professional Context," *Canadian Public Administration*, vol. 34 (Spring 1991), p. 29.

11. Kernaghan, *Ethical Conduct: Guidelines for Government Employees*.

12. In this paper, the term "ethics rules" is used to cover statutes, regulations and guidelines bearing on ethical conduct, including codes of ethics.

13. Between 1984 and 1989, 35 conflict of interest allegations involving cabinet ministers were reported. See Ian Greene, "Conflict of Interest and the Canadian Constitution: An Analysis of Conflict of Interest Rules of Canadian Cabinet Ministers," *Canadian Journal of Political Science*, vol. 23 (June 1990), p. 223.

14. See John Langford, "Conflict of Interest: What the Hell Is It?" *Optimum*, vol. 22 (1991-2), pp. 28-34. See also Kenneth Kernaghan and John Langford, *The Responsible Public Servant* (Toronto: The Institute of Public Administration of Canada and Halifax: The Institute for Research on Public Policy, 1990), ch. 6 for a discussion of eight types of conflict of interest in which public servants can be involved.

15. Michael Starr and Mitchell Sharp, Co-Chairs, *Ethical Conduct in the Public Sector: Report of the Task Force on Conflict of Interest* (Ottawa: Supply and Services, 1984).

16. The revised (1994) version of this code is contained in Appendix A.

17. Treasury Board, *Conflict of Interest and Post-Employment Code for the Public Service* (Ottawa: Supply and Services, 1985).

18. Kernaghan, "The Emerging Public Service Culture," p. 620. Most of the value statements on which the study was based were formulated in the mid- to late 1980s.

19. See, for example, Mary E. Guy, *Ethical Decision Making in Everyday Work Situations*. (Westport, Conn.: Quorum Books, 1990), p. 14.

20. Indeed, this was a major theme of a book on public service ethics published that year. See Kernaghan and Langford, *The Responsible Public Servant*, espec. ch. 1.

21. For an excellent summary of the conflict of interest rules in the federal, provincial and territorial governments, see Office of the Ethics Counsellor,

Conflict of Interest in Canada: Comparative Tables, 1994 (Ottawa: Office of the Ethics Counsellor, 1994).

22. Law Reform Commission of British Columbia, *Conflicts of Interest: Directors and Societies*, a consultation paper. (Vancouver: Law Reform Commission of British Columbia, 1993), p. 143.

23. Ibid.

24. Office of the Prime Minister, *Release.* June 16, 1994. The code's ten principles are reproduced in Appendix A.

25. *Osborne v. Canada (Treasury Board)* (1991) 82 D.L.R. (4th) 321 (S.C.C.).

26. Treasury Board, *Employee Rights and Responsibilities With Respect to Political Activities During an Election (Principles and Guidelines)*, September 1993.

27. See Sharon Sutherland, "The Al-Mashat Affair: Administrative Accountability in Parliamentary Institutions," *Canadian Public Administration*, volume 34 (Winter 1991), pp. 573-603.

28. *Ethics and Fraud Awareness in Government*, p. 1-23.

29. Ibid.

30. The legislative provisions for the whistle blower protection program have been added as Part IV, entitled Whistle blowers' Protection, of the *Public Service Act*. The legislation was passed in 1994 but, as of October 1995, it had not been proclaimed.

31. For a discussion of ombudsman services in business organizations, see David Nitkin, "Corporate Ombudsman Programs," *Canadian Public Administration*, vol. 34, no. 1 (Spring 1991), pp. 177-83.

32. See Mary Margaret Dauphinee and Ceta Ramkhalawansingh, "The Ethics of Managing a Diverse Workforce in Government," *Canadian Public Administration*, vol. 34, no. 1 (Spring 1991), pp. 50-56.

33. See, for example, Ontario, *Management Board of Cabinet, Breaking Down the Barriers: Report of the Human Resources Secretariat Employment Systems Review Taskforce*, May 1991: 2.

34. Carol W. Lewis, *The Ethics Challenge in Public Service* (San Francisco: Jossey-Bass, 1991), p. 166.

35. "Ethics and Public Administration: Some Assertions," in H. George Frederickson (ed.), *Ethics and Public Administration* (New York: M.E. Sharpe, 1993), p. 250.

36. Office of the Prime Minister. *Release.* November 4, 1993, p. 3. Emphasis added.

37. This study involved interviews with 329 public servants in four federal departments, "randomly chosen" and "stratified by senior managers and other public servants." *Ethics and Fraud Awareness in Government*, p. 1-9.

38. Ibid., p. 1-15.

39. Ibid.

40. Ibid., p. 1-17.

41. Ibid., p. 1-18.

42. Entitled *Losses of Money and Offences and Other Illegal Acts Against the Crown.* See ibid., p. 1-12.

43. Ibid., pp. 1-21 and 1-22.

44. Carol W. Lewis, "Ethics Codes and Ethics Agencies: Current Practices and Emerging Trends," in Frederickson, *Ethics and Public Administration*, p. 136.

45. For suggestions on developing a code of ethics and administering it through publicity, enforcement and provision for grievances, see Kernaghan, *Ethical Conduct: Guidelines for Government Employees*, pp. 48-52.

46. Sisela Bok, *Lying: Moral Choice in Public and Private Life* (New York: Random House, 1987), p. 250.

47. For a detailed examination of this argument with respect to the Province of Ontario, see Kenneth Kernaghan, "Rules Are Not Enough: Ethics, Politics and Public Service in Ontario," in John W. Langford and Allan Tupper (eds.), *Corruption, Character and Conduct* (Toronto: Oxford University Press, 1993), pp. 174-96.

48. For elaboration of this point, see Kenneth Kernaghan, "Managing Ethics: Complementary Approaches," *Canadian Public Administration*, vol. 34, no. 1 (Spring 1991), pp. 132-45.

49. James B. Rest, "Can Ethics Be Taught in Professional Schools? The Psychological Research," *Ethics: Easier Said Than Done* 1 (Winter 1988), p. 23.

50. Harold F. Gortner, "How Public Managers View Their Environment: Balancing Organizational Demands, Political Realities and Personal Values," in James S. Bowman (ed.), *Ethical Frontiers in Public Management* (San Francisco: Jossey-Bass, 1991), pp. 59-60.

51. See Kernaghan, "Managing Ethics," pp. 143-44.

52. *Ethics and Fraud Awareness in Government*, p. 1-22.

53. Ole Ingstrup, *Public Service Renewal: From Means to Ends.* Canadian Centre for Management Development, Explorations No. 4 (Ottawa: Supply and Services, 1995), p. 18.

54. City of Richmond Hill, Ontario, *Code of Conduct.*

55. See the model ethics audit in Lewis, *The Ethics Challenge in Public Service*, pp. 199-202.

56. Robert C. Wood, quoted in ibid., p. 158.

APPENDIX A

Conflict of Interest and Post-Employment Code for Public Office Holders*

PRINCIPLES

3.   Every public office holder shall conform to the following principles.

Ethical Standards

(1)   Public office holders shall act with honesty and uphold the highest ethical standards so that public confidence and trust in the integrity, objectivity and impartiality of government are conserved and enhanced.

Public Scrutiny

(2)   Public office holders have an obligation to perform their official duties and arrange their private affairs in a manner that will bear the closest public scrutiny, an obligation that is not fully discharged by simply acting within the law.

---

*   Canada. *Conflict of Interest and Post-Employment Code for Public Office Holders* (Ottawa: Office of the Ethics Counsellor, June 1994), p. 2-3.

Decision-Making

(3)   Public office holders, in fulfilling their official duties and responsibilities, shall make decisions in the public interest and with regard to the merits of each case.

Private Interests

(4)   Public office holders shall not have private interests, other than those permitted pursuant to this Code, that would be affected particularly or significantly by government actions in which they participate.

Public Interest

(5)   On appointment to office, and thereafter, public office holders shall arrange their private affairs in a manner that will prevent real, potential or apparent conflicts of interest from arising but if such a conflict does arise between the private interests of a public office holder and the official duties and responsibilities of that public office holder, the conflict shall be resolved in favour of the public interest.

Gifts and Benefits

(6)   Public office holders shall not solicit or accept transfers of economic benefit, other than incidental gifts, customary hospitality, or other benefits of nominal value, unless the transfer is pursuant to an enforceable contract or property right of the public office holder.

Preferential Treatment

(7)   Public office holders shall not step out of their official roles to assist private entities or persons in their dealings with the government where this would result in preferential treatment to any person.

Insider Information

(8) Public office holders shall not knowingly take advantage of, or benefit from, information that is obtained in the course of their official duties and responsibilities and that is not generally available to the public.

Government Property

(9) Public office holders shall not directly or indirectly use, or allow the use of, government property of any kind, including property leased to the government, for anything other than officially approved activities.

Post-Employment

(10) Public office holders shall not act, after they leave public office, in such a manner as to take improper advantage of the previous office.

YOUR VIEWS ARE IMPORTANT. . .

CCMD is pleased that you have obtained a copy of this publication and we hope it has met your expectations. Your answers to the following questions and any other comments you may wish to make would help us assess the interest and usefulness of this document and would assist us in planning our future publication activities.

Indicate your reaction to the following statements by circling the appropriate numbers on the scales on the right.

1	2	3	4	5	6
Strongly Disagree	Disagree	Somewhat Disagree	Somewhat Agree	Agree	Strongly Agree

This publication has provided me with helpful information or insight.	1	2	3	4	5	6
The length and format of the publication are appropriate.	1	2	3	4	5	6

This publication

provides me with useful new perspectives on the nature and context of contemporary government. 1 2 3 4 5 6

helps me to understand the current and potential future challenges of public service. 1 2 3 4 5 6

will influence my managerial/leadership behaviour or practices. 1 2 3 4 5 6

Other Comments *(You may use the other side of this page for additional comments.)*

Personal Data: We ask the following questions only to make our database more complete. Please supply/check off the appropriate information.

1. Age	2. Years in the Public Service	3. Your Group	4. Non Federal Government	5. Sex
1____ 25-30	1____ 0-5	1____ DM/Assoc. DM	1____ Other government	1____ Male
2____ 31-35	2____ 6-10	2____ ADM (EX 4 and 5)	2____ University/College	2____ Female
3____ 36-40	3____ 11-15	3____ EX (1 to 3)	3____ NGO	
4____ 41-45	4____ 16-20	4____ EX Equivalent	4____ Other	
5____ 46-50	5____ 21-25	5____ EX minus 1	5____ Other Country	
6____ 51-55	6____ 26-30	6____ EX minus 2	_____	
7____ 56-60	7____ 31-35	7____ Other		
8____ 61-65				

Are you a regular reader of CCMD publications?   Yes   No

Did you personally request a copy of this publication?   Yes   No

How did you find out about this publication?
❑ *from a colleague*
❑ *from another CCMD publication*
❑ *other (note below)*

If there are other topics you would like to see included in our publication list, please note them here.

To send your comments, please refer to the information on the reverse.

Please send your comments to:

Research Group
Canadian Centre for Management Development
P.O. Box 420, Station "A"
373 Sussex Drive, 4th Floor
Block B, De La Salle Campus
Ottawa, Ontario
K1N 8V4

Telephone: (613) 947-3682
Fax: (613) 995-0286

Other Comments (continued)

_____

_____

_____

_____

_____

_____

_____

_____

_____

_____

_____

_____

_____

_____

CCMD Publications on Public Management

Learning and Executive Development

P46E   The Strategic Revolution in Executive Development: What Does It Mean for You and Your Organization? *Ole Ingstrup*, 1995/02

Continuous Learning: A CCMD Report, 1994/05

P34E   — Complete Version
P35E   — Summary

Leadership for a Changing World: Developing Executive Capability, *Peter Larson, Robert Mingie*, 1992/10

P24E   — Detailed Report
P17E   — Highlights

P6E   Learning in an Organizational Setting: The Public Service Context, *R. Bruce Dodge*, 1991/06

Governance in a Changing Environment

P64E   Governing in the Millennium: How *Much* Less Government? *Arthur Kroeger,* 1996/05

Management Techniques for the Public Sector: Pulpit and Practice, *Christopher Pollitt*

P53E   — Complete Version, 1995/07
P59E   — Summary, 1995/10

P52E   Managing Incoherence: The Coordination and Empowerment Conundrum, *B. Guy Peters, Donald J. Savoie*, 1995/07

P47E   Public Service Renewal: From Means to Ends, *Ole Ingstrup*, 1995/03

P45E   The Dewar Series: Perspectives on Public Management
Rethinking Government, *Canadian Centre for Management Development*, 1994/12

P31E   The Public Service, The Changing State and Governance, *B. Guy Peters*, 1993/12 (Reprinted 1995/03)

Globalization and Governance, *Donald J. Savoie*

P30E   — Complete Version, 1993/12 (Reprinted 1995/02)
P44E   — Summary, 1994/11

P29E   Reinventing Osborne and Gaebler: Lessons from the Gore Commission, *B. Guy Peters, Donald J. Savoie*, 1993/11

Policy and Governance

P62E   The Policy Capacity of Government, *B. Guy Peters*, 1996/06

P60E   Rethinking Policy: Strengthening Policy Capacity: Conference Proceedings, 1996/01

P58E   Rethinking Policy: Perspectives on Public Policy, *John C. Tait, Mel Cappe,* 1995/10

Deputy Ministers and Strategic Management

P32E Ministerial Chiefs of Staff in 1990: Profiles, Recruitment, Duties and Relations with Senior Public Servants, *Micheline Plasse*, 1994/04

P23E Strategic Management in the Public Service: The Changing Role of the Deputy Minister, *Frank Swift*, 1993/11

P22E Strategic Planning in Government Administration: A Comparison Between Ottawa and Quebec, *Mohamed Charih, Michel Paquin*, 1993/11

What is Public Management? An Autobiographical View, *A.W. Johnson*

P21E — Complete Version, 1993/05 (Reprinted 1994/12)
P28E — Summary, 1993/05

How Should the Performance of Senior Officials be Appraised?
The Response From Federal Deputy Ministers, *Jacques Bourgault, Stéphane Dion*, 1993/03

P19E — Complete Version
P27E — Summary

P7E The Changing Profile of Federal Deputy Ministers, 1867 to 1988, *Jacques Bourgault, Stéphane Dion*, 1991/07

The Consultation Process

P42E Managing a Royal Commission: A Planning and Organizational Model Derived from the Experience of the Royal Commission on National Passenger Transportation, *Janet R. Smith, R. Anne Patterson*, 1994/10

P15E The Constitutional Conferences Secretariat: A Unique Response to a Public Management Challenge, *Peter Harrison*, 1992/06

P14E Consultation: When the Goal is Good Decisions, *R. Anne Patterson, Rod A. Lohin, D. Scott Ferguson*, 1992/06

P10E Citizen's Forum on Canada's Future: Report on the Consultative Process, *Wendy Porteous*, 1992/03

A Case Study in Multi-Stakeholder Consultation: The Corporate History of the Federal Pesticide Registration Review, or How We Got From There to Here, *Hajo Versteeg*, 1992/03

P9E1 Volume 1. General Principles for Decision Makers
P9E2 Volume 2. Practical Considerations for Process Managers and Participants

P8E Public Managers and Policy Communities: Learning to Meet New Challenges, *Evert A. Lindquist*, 1991/09

Service and Quality

P25E From Policy to Performance: Implementing Service Quality Improvements in Public Sector Organizations, *Tim Plumptre, Donald Hall*, 1993/10

ORDER FORM

Copies of publications may be obtained from:

Corporate Services
Canadian Centre for Management Development
373 Sussex Drive, 1st Floor
Block B, De La Salle Campus
P.O. Box 420, Station "A"
Ottawa, Ontario
K1N 8V4

| Telephone: | (613) 943-8370 |
| Fax No.: | (613) 995-0331 |

List No.	Qty.	List No.	Qty.	List No.	Qty.	List No.	Qty.

Name and Address

_____

_____

_____

_____

_____

Telephone No.: _____

RAPPORT DE RECHERCHE N° 19

L'ÈRE DE L'ÉTHIQUE DANS L'ADMINISTRATION PUBLIQUE CANADIENNE

Kenneth Kernaghan

Centre canadien de gestion
Juin 1996

Canadä

*Pour plus d'information ou pour obtenir d'autres
exemplaires de ce rapport, veuillez communiquer avec
le Groupe de la recherche du Centre canadien de gestion*

Par téléphone au (613) 943-8370
Par télécopieur au (613) 995-0331

*Les opinions exprimées ici sont celles de l'auteur
et ne reflètent pas nécessairement les vues du
Centre canadien de gestion*

UN MOT DU CCG

Le Groupe d'étude du CCG sur les valeurs et l'éthique, présidé par John Tait, ancien sous-ministre de la Justice et chercheur principal invité du CCG, a vu le jour après que le Centre se soit engagé à accroître la prise de conscience à l'égard des valeurs de la fonction publique et des questions d'éthique touchant les fonctionnaires. Kenneth Kernaghan, professeur de sciences politiques et de gestion à l'université Brock, est également chercheur principal invité du CCG et membre du Groupe d'étude. Le document suivant, intitulé *L'ère de l'éthique dans l'administration publique canadienne,* se voulait être un rapport de recherche à l'appui du Groupe d'étude et de ses travaux.

La préoccupation du public au sujet de l'éthique des politiciens et des fonctionnaires s'est accrue au cours des vingt dernières années, ce qui a engendré une prolifération de règles d'éthique provenant de tous les ordres de gouvernement. Toutefois, comme l'observe si bien Kenneth Kernaghan, les codes déontologiques devraient être considérés uniquement comme un point de départ. Les règles ne peuvent éliminer la nécessité de se fixer des normes personnelles élevées, d'assurer un leadership, d'éduquer et d'établir des énoncés clairs sur les valeurs organisationnelles, lesquels témoignent d'un engagement à l'endroit de valeurs déontologiques communes telles que l'intégrité, la dignité, l'équité, le respect, l'impartialité et la reddition de comptes.

Dans son analyse qui fait suite à une autre étude qu'il a réalisée il y a vingt ans, le professeur Kernaghan nous fait entrevoir la préoccupation grandissante à l'endroit des questions d'éthique au cours des deux dernières décennies au Canada, et énonce les mesures prises par les gouvernements en vue d'établir des codes d'éthique pour les fonctionnaires. Il distingue entre trois principales catégories d'éthique dans la fonction publique — l'éthique des politiques, l'éthique individuelle (personnelle) et l'éthique organisationnelle — et montre comment chacun de ces domaines peut poser un défi particulier aux organismes publics. Il fait remarquer que les questions de confidentialité, de sectarisme politique, de discrimination, de harcèlement et les questions d'éthique liées à la pratique de dénonciation se situaient au coeur du débat public tandis qu'on avait tendance à négliger d'autres questions déontologiques, surtout celles qui sont associées à la réforme de la fonction publique, au fur et à mesure que les gouvernements s'efforçaient de devenir plus efficaces et plus sensibles par voie de l'innovation. Ainsi, l'habilitation qui, d'une part, permet aux employés d'exercer un plus grand pouvoir décisionnel, peut, d'autre part, donner lieu à des conflits d'intérêts, tandis que l'orientation vers le partenariat entre le gouvernement et les organismes du secteur privé réduit l'obligation de rendre compte de l'utilisation des fonds publics.

Vu la complexité des questions auxquelles le gouvernement est maintenant confronté et la perspective, au siècle prochain, de nouveaux défis dans le domaine de l'éthique, les organismes publics se doivent d'évaluer le bien-fondé de leur régime déontologique et d'adopter une approche systématique en vue de promouvoir une conduite conforme à l'éthique. Pour faciliter ce processus, le professeur Kernaghan termine son analyse en exposant les composantes d'un régime conforme à l'éthique.

Le CCG estime que ce document constitue un important ajout à son programme de recherche et de publications. On y aborde des questions qui sont aussi importantes pour la fonction publique de demain qu'elles le sont, depuis toujours, au sein de l'administration publique canadienne.

La Directrice du Centre,
Janet R. Smith

Le Directeur de la recherche,
Ralph Heintzman

TABLE DES MATIÈRES

I

INTRODUCTION

Dans la sphère de l'administration publique et en fait, à l'échelle du gouvernement en général, la *décennie* de l'éthique des années 70 est devenue ce qui semble être une *ère* de l'éthique. La tendance historique au Canada selon laquelle le niveau de préoccupation du public au sujet de l'éthique gouvernementale fluctuait rapidement a été rompue par une période — qui dure maintenant depuis près de 25 ans — d'intérêt soutenu à l'endroit d'un rendement conforme à l'éthique chez les titulaires de charge publique — qu'il s'agisse de politiciens ou de fonctionnaires. Durant cette période, l'aspect déontologique de l'administration publique a pris une plus grande importance, mais demeure fragile. Il faudra renforcer considérablement cet aspect pour qu'il en vienne à faire partie intégrante — et de façon durable — de la discipline et de la profession.

Parmi de récentes initiatives visant à accroître le rendement des titulaires de charge publique, sur le plan de l'éthique, il y a eu le groupe d'étude sur les valeurs et l'éthique, constitué par le Centre canadien de gestion[1] et le rapport de 1995 du vérificateur général du Canada sur la sensibilisation à l'éthique et à la fraude au gouvernement.[2] Ce rapport a été préparé après qu'on eut pris conscience du fait que «les Canadiens se préoccupent de l'intégrité du gouvernement et ils ont le droit de s'attendre à ce que l'administration publique respecte les normes d'éthique les plus élevées.»[3] Le rapport a conclu qu'en règle générale, les fonctionnaires dans les quatre ministères où des entrevues ont été réalisées, «croyaient que les programmes où ils travaillaient étaient administrés de façon conforme à l'éthique et que les risques de fraude étaient faibles.»[4] Le rapport concluait également que «les normes d'éthique de notre gouvernement n'ont rien à envier à celles du secteur privé ou des autres pays.»[5] Cependant, comme on l'explique plus loin dans le présent document, le rapport soulève des sujets d'inquiétude concernant l'attitude de certains fonctionnaires à l'endroit de questions liées à l'éthique.

Le présent document vise deux objectifs principaux. Le premier consiste à examiner ce que nous avons appris, surtout depuis les années 70, au sujet de la préservation et de la promotion d'une conduite conforme à l'éthique dans la fonction publique. Le second objectif est de mettre à profit cette connaissance afin que les gouvernements s'en servent pour évaluer et améliorer leur *régime* déontologique, soit l'ensemble des mesures visant à améliorer l'éthique dans l'administration publique. Au milieu des années 90, la plupart des composantes du régime déontologique dont il est question plus loin dans le présent document avaient été adoptées par au moins une organisation publique au Canada, mais aucune organisation — ni gouvernement — n'a adopté toutes ces composantes, voire la plupart d'entre elles.

La seconde section de ce document explique la portée générale de l'éthique dans la fonction publique. La troisième section donne ensuite un compte rendu de l'évolution de l'éthique dans l'administration publique depuis le début des années 70 jusqu'au milieu des années 90. La quatrième section explique les facteurs qui sous-tendent la conception d'un régime déontologique et la cinquième section décrit les composantes possibles d'un tel régime. Certaines des données ayant servi au document proviennent de renseignements recueillis auprès d'organisations publiques à tous les échelons du gouvernement canadien.[6] Cette étude fait suite à une autre étude réalisée il y a vingt ans.[7]

II

LA PORTÉE DE L'ÉTHIQUE DANS LA FONCTION PUBLIQUE

Compte tenu de la complexité et de l'omniprésence de l'aspect déonto-logique dans l'administration publique, il convient de distinguer entre les trois principales catégories d'éthique dans la fonction publique.[8] La première catégorie, celle de *l'éthique des politiques*, a trait aux répercus-sions, du point de vue de l'éthique, des recommandations et décisions en matière de politiques. Les fonctionnaires doivent faire des choix difficiles en matière d'éthique lorsqu'ils formulent ou recommandent des politiques, surtout en ce qui touche des questions de politiques telles que le SIDA ou la réglementation des produits dangereux — lorsqu'il y va de la vie des êtres humains. Songez également à la tâche peu enviable qui consiste à faire des choix en matière d'éthique entre des droits concurrentiels : «le gouverne-ment doit trancher entre les droits des enfants de recevoir une bonne instruction et les droits des aînés d'obtenir des formes plus complexes de soins de santé...ou encore entre les droits des prisonniers en tant qu'êtres humains et ceux de la société d'être bien protégée».[9] D'autres questions de politiques ayant d'importantes répercussions sur le plan de l'éthique, telles que l'équité en matière d'emploi et l'accès à l'information, se répercutent dans une grande mesure sur la fonction publique elle-même.

La deuxième catégorie — l'éthique individuelle (ou éthique person-nelle) — se rattache aux normes d'éthique personnelle auxquelles les fonctionnaires se conforment lorsqu'ils prennent des décisions et formulent des recommandations. Les actions des fonctionnaires comportent une importante composante déontologique en raison du pouvoir dont ils disposent dans le processus d'élaboration des politiques, de leur accès privilégié à l'information et de leur responsabilité à l'égard de l'attribution des fonds publics. Malgré la prolifération de règles écrites, il faut souvent se fier aux normes d'éthique du fonctionnaire lui-même et en dernière analyse, à sa conscience personnelle. «L'un des principes primordiaux de la moralité professionnelle est le fait qu'être responsable envers les autres ne vous rend pas moins responsable envers vous-même. Nous entrons dans une période où ce principe sera perçu comme étant encore plus important qu'auparavant...la vitalité du gouvernement est en partie fonction de notre capacité de comprendre et de respecter ce principe d'éthique personnelle.»[10]

La troisième catégorie est *l'éthique organisationnelle*, soit les fonctions et obligations en matière d'éthique qu'impose l'organisation pour laquelle on travaille. Parfois, les fonctionnaires font l'expérience d'exigences organisationnelles conflictuelles au sein du gouvernement lui-même. De plus, ils doivent à l'occasion composer avec des conflits entre leurs normes d'éthique personnelle ou les choix qu'ils préféreraient faire en matière de politiques d'une part et les exigences de l'organisation pour laquelle ils travaillent d'autre part. Ainsi, un fonctionnaire ayant connaissance de méfaits commis au sein du gouvernement devra peut-être opter entre sa loyauté à l'endroit du gouvernement de l'heure et sa conviction personnelle selon laquelle le public a le droit d'être informé de tels actes.

Compte tenu de la vaste portée de l'éthique des politiques, le présent rapport traite surtout des catégories de l'éthique personnelle et organisationnelle.

III

L'ÉTHIQUE DANS LA FONCTION PUBLIQUE : ÉVOLUTION ET ATTENTES

LES ANNÉES 70 : LA DÉCENNIE DE L'ÉTHIQUE

La recrudescence de la préoccupation du public à l'endroit de l'éthique gouvernementale, qui a débuté vers les années 70, ne découlait pas de révélations générales concernant la conduite immorale de fonctionnaires. En fait, le nombre d'infractions signalées était peu élevé. Toutefois, certaines des infractions étaient graves, et les gouvernements ont commencé à se rendre compte que les ententes et règles tacites sur une conduite conforme à l'éthique n'assuraient plus une orientation suffisante à une bureaucratie vaste et complexe. De plus, les médias ont commencé à chercher davantage à déceler et signaler des infractions de ce genre, surtout des infractions commises par des politiciens. L'inquiétude au sujet de l'éthique *des politiques* a gagné la sphère de l'administration publique tandis que le public avait tendance à mettre tous les fonctionnaires dans le même sac.

Les membres des partis de l'opposition ont renforcé les allégations des médias et ont fait part à ceux-ci de leurs propres allégations. Les médias ont fait beaucoup de publicité sur les controverses en matière d'éthique survenues dans d'autres pays. Les reportages sur l'affaire Watergate aux États-Unis ont ainsi contribué à intensifier la préoccupation du public au sujet de l'éthique gouvernementale au Canada. De plus, cette publicité a accéléré le développement progressif, après la guerre, de normes publiques liées à un rendement conforme à l'éthique au sein du gouvernement. À cette époque, des conflits d'intérêts apparents ont commencé à être traités presque aussi sérieusement que des conflits réels. L'intérêt accru pour l'éthique gouvernementale se rattachait en outre à une préoccupation grandissante de la société à l'endroit des questions déontologiques en général, que ce soit au sein du gouvernement, dans les domaines des affaires, de la médecine, du droit, du journalisme ou au sein d'autres professions.

Une étude réalisée en 1974 dans le domaine de l'éthique de l'administration publique à tous les échelons du gouvernement a révélé que le principal secteur à problème était celui des conflits d'intérêts, suivi des questions de confidentialité (principalement, la fuite de renseignements gouvernementaux), de l'activité politique partisane et des commentaires publics.[11] Ce sont surtout ces questions qui retenaient l'attention des médias, du public, du gouvernement et du milieu universitaire. D'autres questions déontologiques importantes, surtout dans le secteur des ressources humaines (par exemple, l'intégrité des méthodes de concours et de l'évaluation du rendement) étaient comparativement négligées. De plus, peu d'attention était accordée à l'omniprésence des questions d'éthique dans la prise de décision quotidienne des fonctionnaires. L'accent était mis en outre sur la conduite immorale par opposition aux dilemmes et conflits déontologiques dans lesquels on ne sait pas trop ce qu'il vaut mieux faire. Même si les questions initiales de premier plan demeurent problématiques, leur importance relative a changé, de nouveaux problèmes se posent et la question des choix difficiles à faire sur le plan de l'éthique retient davantage l'attention.

La préoccupation du public à l'endroit de l'éthique au début des années 70, qui était sans précédent à l'époque, a été assortie d'une avalanche, également sans précédent, de *règles*[12] en matière d'éthique émanant de tous les ordres de gouvernement. En fait, les premiers documents portant sur l'éthique dans la fonction publique abordaient surtout la forme, le contenu et l'administration des règles en matière d'éthique, tout particulièrement les codes déontologiques. Auparavant, il existait peu de règles d'éthique au gouvernement et parce qu'il s'agissait principalement de réponses fragmentaires à des problèmes particuliers, ces règles étaient éparpillées dans les divers documents gouvernementaux. Aucun gouvernement ne disposait d'un énoncé de règles liées à l'éthique qui s'apparenterait à une source d'information détaillée sur le comportement à adopter. À la fin des années 70, les règles en matière d'éthique au gouvernement étaient nombreuses mais, pour la plupart des sphères de compétence, elles demeuraient éparpillées.

En règle générale, les règles s'appliquaient uniquement aux conflits d'intérêts, mais certains gouvernements abordaient les quatre secteurs problématiques précités. La plupart des gouvernements ont établi pour les fonctionnaires des règles qui étaient distinctes de celles qui s'appliquaient aux politiciens (généralement, les ministres), mais certaines règles s'appliquaient aux représentants élus et désignés, et certaines règles provinciales visaient les représentants provinciaux et municipaux. Au sein de certains gouvernements, des règles ministérielles adaptées à des problèmes et besoins particuliers venaient compléter les règles fixées à l'échelle de la fonction publique.

LES ANNÉES 80 : RÉDUIRE L'INCERTITUDE

Au début des années 80, il est devenu apparent que l'intérêt du public à l'égard de l'éthique gouvernementale continuait de s'accroître. De plus en plus de gouvernements ont donc adopté des règles en matière d'éthique et nombre d'entre eux ont amélioré et renforcé les règles existantes. Ces règles assuraient une plus grande certitude quant à ce qui constituait une conduite conforme à l'éthique, parfois en précisant dans des lois ou règlements que certaines activités étaient permises ou interdites. Cependant, les fonctionnaires continuaient de détenir un grand pouvoir discrétionnaire, et il fallait souvent compter sur des normes d'éthique personnelle plutôt que sur des règles écrites.

Pour plusieurs raisons, les conflits d'intérêts demeuraient le principal problème. Premièrement, on a signalé de nombreuses allégations de conflits d'intérêts touchant surtout des ministres fédéraux et provinciaux,[13] mais également des fonctionnaires municipaux. Deuxièmement, les partis de l'opposition ont utilisé les allégations de conflits d'intérêts pour miner l'appui du public à l'endroit du parti au pouvoir. Troisièmement, l'accès spécial dont jouissaient certains lobbyistes, dont d'anciens politiciens et fonctionnaires, auprès des décideurs du gouvernement fédéral a suscité un vif mécontentement de la part du public. Quatrièmement, la gamme d'activités visées par le terme conflit d'intérêts a été grandement élargie.[14]

En 1984, un groupe de travail fédéral sur les conflits d'intérêts[15] recommandait que le gouvernement enchâsse dans une loi un code d'éthique pour tous les titulaires de charge publique et crée un Bureau de l'éthique dans le secteur public dirigé par un conseiller en éthique. Le gouvernement Mulroney a réagi en adoptant un code régissant la conduite des titulaires de charge publique en ce qui concerne les conflits d'intérêts et l'après-mandat; ce code contenait, entre autres, neuf principes liés aux conflits d'intérêts.[16] Le Conseil du Trésor a appliqué les mêmes principes aux fonctionnaires dans un code distinct.[17]

Non seulement dans la sphère des conflits d'intérêts mais également dans les secteurs de la confidentialité, de l'activité politique partisane et des commentaires publics, les limites des activités permises étaient énoncées plus clairement au moyen de règles écrites. À la fin de la décennie, il y avait une tendance marquée vers la clarification et l'accroissement des droits des fonctionnaires de s'engager dans des activités politiques partisanes et de faire des commentaires publics. Dans le domaine de la confidentialité, de nouvelles règles, notamment des lois sur l'accès à l'information, ont contribué à rétrécir la portée de la discrétion administrative en précisant davantage le genre d'information que le public pouvait obtenir et en réduisant ainsi quelque peu la tentation de divulguer des renseignements gouvernementaux. Tandis que des règlements à l'appui de la protection des renseignements personnels étaient également promulgués durant les années 80, la préoccupation au sujet du «droit» de savoir l'emportait sur la revendication du droit à la protection des renseignements personnels.

Durant cette période, l'éthique dans la gestion des ressources humaines a peu capté l'attention du public, exception faite des questions de l'équité en matière d'emploi, de la discrimination et du harcèlement en milieu de travail, surtout le harcèlement sexuel. Durant les années 80, le nombre de règles en matière d'éthique touchant le harcèlement en milieu de travail a augmenté d'une manière frappante, et il s'agissait souvent d'un ensemble distinct et exhaustif de règles. Malgré l'existence de règles écrites dans ces domaines, la nécessité pour les fonctionnaires d'interpréter et de mettre en pratique les règles laissait beaucoup de place au jugement personnel en matière d'éthique. Quelle que soit l'éthique organisationnelle en jeu, dans la plupart des secteurs de la gestion des ressources humaines, les fonctionnaires peuvent souvent fonder leurs décisions sur des motifs qui, en apparence, sont convenables, mais en réalité sont contraires à l'éthique. Ainsi, plusieurs gouvernements ont adopté des règles pour insister sur le fait que l'équité en matière d'emploi fait partie intégrante non seulement de l'éthique organisationnelle mais également de l'éthique personnelle.

La prise de conscience à l'égard du fait que les règles en matière d'éthique sont nécessaires mais insuffisantes pour promouvoir une conduite conforme à l'éthique a incité quelques gouvernements à offrir une formation dans ce domaine, tout particulièrement aux cadres supérieurs et aux gestionnaires. De plus, dans le cadre de plusieurs programmes universitaires en administration publique et en sciences politiques, on a commencé à offrir des cours sur l'éthique dans la fonction publique.

À la fin des années 80, un grand nombre d'organisations publiques avaient élaboré des plans stratégiques, dont plusieurs contenaient un énoncé des valeurs de l'organisation, notamment les valeurs liées à l'*éthique*. Selon les résultats d'une récente étude, les organisations publiques au Canada classent les valeurs déontologiques de l'intégrité, de la reddition de compte et de l'équité au rang des principales valeurs organisationnelles.[18] Le fait que ces valeurs particulières figurent couramment sur les courtes listes des valeurs les plus importantes pour la prise de décisions conformes à l'éthique dans les organisations tant publiques que privées[19] reflète la mesure dans laquelle les préoccupations à l'égard de l'éthique avaient gagné l'administration publique à ce moment-là.

LES ANNÉES 90 : L'INCERTITUDE SUBSISTE

Malgré la prolifération des règles en matière d'éthique durant les années 80, beaucoup d'incertitude subsistait quant à ce qui constituait un comportement bureaucratique responsable, même dans des secteurs qui, de longue date, posaient un problème tels que les conflits d'intérêts, la neutralité politique, la confidentialité et la protection des renseignements personnels.[20] Plusieurs restrictions financières ont aggravé le problème. Ainsi, on a souvent laissé entendre que les problèmes de moral découlant de la réduction des effectifs et des gels de salaire avaient incité certains fonctionnaires à mettre l'accent sur leur survie personnelle plutôt que sur l'éthique personnelle. L'une des conséquences qu'on a signalée était l'accroissement du cumul de postes.

Un grand nombre d'organisations publiques ont encore peu de règles en matière d'éthique, voire aucune. La plupart des gouvernements ont fixé, à l'échelle de la fonction publique, des règles sur les conflits d'intérêts et certaines de ces règles s'appliquent non seulement aux ministères d'attache mais aussi aux organismes, comités et commissions.[21] Une étude menée auprès de ces organisations a toutefois révélé que moins du tiers d'entre elles avaient mis en place des règles officielles concernant les conflits d'intérêts et que les règles qui existaient déjà étaient «très rudimentaires».[22] De plus, il existait de nettes divergences d'opinion quant à la nécessité de mettre en place des règles en matière d'éthique. Ainsi, la plupart des commissions de commercialisation (qui sont généralement composées de représentants de l'industrie réglementée) soutenaient qu'elles n'avaient pas besoin de règles parce qu'elles n'étaient pas aux prises avec des problèmes de conflits d'intérêts; toutefois, les règles d'une commission de commercialisation en particulier étaient «parmi les plus rigoureuses des organismes sondés».[23]

Dans la sphère fédérale, le gouvernement libéral a annoncé[24] le 16 juin 1994 la nomination d'un conseiller en éthique qui ferait enquête «à la demande du Premier ministre» sur les plaintes à l'endroit des ministres et des hauts fonctionnaires concernant les conflits d'intérêts et le lobbying, ainsi que les plaintes touchant les activités des lobbyistes, et d'administrer également le *Code régissant la conduite des titulaires de charge publique en ce qui concerne les conflits d'intérêts et l'après-mandat.* Deux ajouts ont été faits à ce code. Un nouveau principe prévoyait que toute décision serait prise «dans l'intérêt public et en considérant le bien-fondé de chaque cas». De plus, une nouvelle disposition en matière de conformité exigeait des titulaires d'une charge publique qu'ils doivent éviter «d'accorder un traitement de faveur à tout individu ou groupe en fonction des personnes retenues pour les représenter» — cet ajout visait à prévenir toute influence indue de la part de certains lobbyistes. Ces ajouts n'ont pas été apportés au code régissant les conflits d'intérêts s'appliquant à la fonction publique.

La plupart des luttes en vue de déterminer un équilibre approprié entre la neutralité politique et les droits politiques des fonctionnaires ont été tranchées par les tribunaux. Une décision de la Cour suprême, qui a fait date en 1991, se fondait sur la Charte des droits et libertés pour augmenter les droits politiques des fonctionnaires fédéraux et réduire l'incertitude quant au genre d'activités politiques qui étaient licites.[25] Dans un tel cadre juridique, les fonctionnaires continuaient d'exercer leur jugement personnel pour déterminer quel niveau de participation à ces activités était conforme à l'éthique. Le Conseil du Trésor a fait savoir aux employés fédéraux qu'ils pouvaient participer à des activités politiques partisanes, mais que :

- ils devaient demeurer loyaux à l'égard de leur employeur, le gouvernement du Canada;

- leurs activités ne devaient pas miner la tradition de la fonction publique, selon laquelle celle-ci est une institution neutre sur le plan politique;

- cela peut laisser supposer une certaine restriction quant à la participation des employés à des activités politiques.[26]

Même si la décision de la Cour suprême s'appliquait plus particulièrement aux fonctionnaires fédéraux, elle jette les bases, du point de vue juridique, pour un accroissement des droits politiques au sein des gouvernements provinciaux et municipaux.

La question de neutralité politique — et son lien avec les conventions constitutionnelles de responsabilité ministérielle et d'anonymat de la fonction publique — a également été soulevée dans l'affaire Al-Mashat en

1991.[27] L'incertitude qui subsiste au sujet de l'éthique des rapports entre les ministres et les fonctionnaires s'est manifestée dans la facilité avec laquelle les ministres désignent et blâment publiquement leurs fonctionnaires.

Plusieurs autres secteurs problématiques sont en train de revêtir une plus grande importance ou de devenir des questions primordiales pour les années 90 et les années subséquentes. L'une de ces questions est l'éthique dans la gestion de l'information. L'échange considérable de données sur l'«autoroute de l'information» exacerbera la tension actuelle et inhérente entre la transparence d'une part, et la confidentialité et la protection des renseignements personnels d'autre part. On pousse en faveur de la transparence des gouvernements parce que les comportements contraires à l'éthique ne peuvent généralement pas résister à l'examen minutieux du public. Cependant, les gouvernements doivent protéger la confidentialité des renseignements de nature délicate qui figurent dans leurs dossiers et se prémunir contre toute atteinte à la vie privée des citoyens, pas seulement par d'autres citoyens mais par les gouvernements eux-mêmes.

Depuis le début des années 70, quelques fonctionnaires ont contraint à l'occasion les gouvernements à une certaine transparence en divulguant au public des informations confidentielles sur des méfaits commis au sein du gouvernement, soit ouvertement soit subrepticement — une pratique connue sous le nom de «whistle blowing» ou «dénonciation». Le vérificateur général, dans la section de son rapport traitant de l'établissement d'un cadre déontologique pour le gouvernement soutient qu'il «faut qu'il devienne normal pour les employés de faire état de leurs réserves au sujet d'actes qu'ils considèrent discutables du point de vue de l'éthique.»[28] Il soutient en outre que les fonctionnaires devraient avoir «un endroit clairement désigné où ils peuvent aller discuter de questions d'éthique et signaler des problèmes qui se posent à cet égard.»[29] Des mécanismes devraient également être mis en place pour leur permettre de le faire sans qu'on puisse user de représailles à leur endroit — par exemple, une législation visant à protéger les dénonciateurs.

Le débat de longue date au sujet de l'éthique de la dénonciation a été relancé par la décision du gouvernement de l'Ontario de mettre à l'abri des représailles les fonctionnaires qui dénonçaient des méfaits *graves* commis par le gouvernement, en leur offrant une protection juridique.[30] L'absence ou l'insuffisance des recours internes, dans de nombreuses organisations publiques, pour donner suite aux préoccupations des fonctionnaires au sujet des méfaits renforcera probablement l'appui accordé par le public aux dispositions législatives visant à protéger le dénonciateur.

La législation en matière de protection des dénonciateurs prévoit le recours, à l'échelle du gouvernement, à un avocat indépendant avec lequel les fonctionnaires peuvent, en toute confidentialité, discuter de leurs préoccupations à l'égard de méfaits commis par le gouvernement. On pourrait également avoir un conseiller en éthique pour l'ensemble du gouvernement ou pour les divers ministères et organismes, qui s'occuperait non seulement d'enquêter sur ce genre de plaintes, mais également de donner des conseils sur des questions générales liées à l'éthique. Quelques organisations publiques ont établi un service de «protecteur des employés» pour donner suite aux inquiétudes des employés au sujet d'une conduite contraire à l'éthique.[31] Ainsi, le ministère fédéral des Communications compte un service d'ombudsman qui revêt la forme d'une société indépendante composée de conseillers professionnels qui agissent comme tiers impartiaux lorsqu'ils enquêtent sur des plaintes et qu'ils négocient des solutions dans des domaines tels que la discrimination et le harcèlement et les allégations concernant des décisions injustes prises par des gestionnaires.

Les questions de discrimination et de harcèlement sont devenues plus importantes, en partie en raison des préoccupations générales de la société à l'endroit du harcèlement en milieu de travail et également en raison des programmes d'équité en matière d'emploi qui sont conçus pour assurer une meilleure représentation au sein de la fonction publique de groupes tels que les femmes, les membres de minorités visibles et les autochtones. Gérer une main-d'oeuvre de plus en plus diversifiée soulève des questions difficiles sur le plan de l'éthique organisationnelle et personnelle.[32] Dans nombre d'organisations, le milieu de travail entrave la mobilité ascendante des membres de groupes sous-représentés, et dans certains d'entre eux se produisent un nombre important d'incidents de harcèlement racial et sexuel.[33] Au-delà de ces problèmes fondamentaux, il existe toutefois une incertitude fréquente, et donc une insensibilité apparente chez les gestionnaires, quant à ce qui constitue une conduite conforme à l'éthique dans les rapports avec les employés ayant des valeurs ou des antécédents différents.

«Il ne s'agit pas de sectarisme ou de traitement empreint de parti pris — tous deux intolérables dans l'administration publique — mais plus subtilement d'un comportement avilissant, d'une façon de penser et de traiter les gens basée sur des stéréotypes, d'un manque d'égards commis par étourderie ou encore de mésententes.»[34]

Un nouveau domaine problématique, tout au moins en raison de son ampleur, est l'éthique au niveau de la réforme de la fonction publique. Dans la recherche d'un gouvernement plus efficace et plus sensible par le truchement de l'innovation, on s'est soucié beaucoup moins des facteurs liés à l'éthique que des facteurs politiques ou de gestion. Cependant, nombre des facteurs en matière d'éthique sont étroitement liés aux politiques et à la gestion. Songeons aux exemples qui suivent. Habiliter les employés en leur permettant d'exercer un plus grand pouvoir décisionnel et d'entretenir des rapports plus étroits avec le public leur impose une plus grande responsabilité sur le plan des normes en matière d'éthique personnelle et accroît les risques de conflits d'intérêts. Les partenariats entre le gouvernement et des organismes du secteur privé peuvent réduire l'obligation du gouvernement de rendre des comptes, surtout lorsque ces organismes refusent de révéler des renseignements financiers touchant à des partenariats financés en partie à même les fonds publics. George Frederickson, un critique virulent du mouvement prônant la réinvention du gouvernement aux États-Unis, va jusqu'à affirmer qu'«il est à la mode de dégouvernementaliser en promettant que cela permettra d'épargner de l'argent et d'améliorer les services» mais «tandis que des fonctions qui étaient auparavant assumées par le gouvernement passent au secteur privé ou sont partagées avec celui-ci, on peut être à peu près certain que la corruption augmentera».[35]

Au cours de la dernière décennie, les promesses des politiciens de rétablir la confiance du public dans l'intégrité du gouvernement sont devenues le thème principal des campagnes électorales et des gouvernements nouvellement élus. Toutefois, à l'échelon fédéral, le gouvernement libéral, qui a été élu en 1993, a reconnu officiellement non seulement l'importance des règles d'éthique mais également leurs limites. Le gouvernement a promis de mettre en place des règles pour réduire au minimum les conflits d'intérêts, mais a fait remarquer que «l'intégrité du gouvernement n'est pas simplement une question de règles et de règlements — mais se rattache également aux *normes personnelles* et à la conduite des ministres, de leur personnel et des *fonctionnaires à tous les niveaux»*.

Quelles *sont* ces normes personnelles et cette conduite des fonction-naires? L'étude du vérificateur général[37] fournit des données empiriques sur les normes des fonctionnaires quant à ce qui, *à leur avis*, constitue une conduite appropriée dans certaines situations hypothétiques. *Aucune preuve n'est fournie sur la conduite réelle des fonctionnaires.* L'étude a révélé que 89 pour cent des employés (96 pour cent des cadres supérieurs) estimaient qu'il serait *inapproprié* «d'accepter l'offre de prêt d'un chalet de ski émanant d'un bénéficiaire de leur programme de contribution ou de subvention».[38] Autrement dit, cela signifie que 11 pour cent des employés (quatre pour cent des cadres supérieurs) croient qu'on *peut* accepter un tel cadeau. Voici d'autres constatations qui ont été faites :[39]

- vingt-cinq pour cent des employés (six pour cent des cadres supé-rieurs) estimaient qu'ils pouvaient acheter au prix courant des produits ou des services destinés à un usage personnel, d'un fournis-seur de leur programme;

- trente pour cent des employés (11 pour cent des cadres supérieurs) étaient d'avis qu'un employé peut embaucher son beau-frère dans le cadre d'un contrat sans appel d'offres;

- vingt-huit pour cent des employés (77 pour cent des cadres supé-rieurs) estimaient qu'il était acceptable qu'un cadre supérieur d'un ministère puisse mettre à profit ses connaissances acquises en milieu de travail pour obtenir un poste au sein d'une entreprise qui désire faire affaire avec le ministère en question.

Fait également notable, moins de la moitié des employés (comparative-ment à 85 pour cent des cadres supérieurs) ont déclaré qu'ils intervien-draient pour mettre un terme aux trois premiers types de conflits d'intérêts ou pour signaler ces conflits; 42 pour cent des employés (62 pour cent des cadres supérieurs) mettraient un terme au quatrième type de conflit, soit se servir de ses connaissances pour obtenir un poste au sein d'une entreprise, ou signaleraient un tel conflit.[40]

En ce qui touche les questions liées à l'impartialité et à l'objectivité,[41] l'étude a révélé que :

- seulement un pour cent des employés (six pour cent des cadres supérieurs) est d'avis qu'il convient pour un employé du gouvernement, à la demande d'un haut fonctionnaire, d'omettre d'imposer des amendes ou des pénalités à une société particulière même si on en impose à d'autres sociétés pour des infractions du même genre;

- quinze pour cent des employés estiment qu'un employé du gouvernement peut, à la demande d'un superviseur, rédiger les stipulations d'un contrat concurrentiel, de manière qu'un soumissionnaire particulier puisse l'emporter.

Trente-deux pour cent des employés (17 pour cent des cadres supérieurs) ne prendraient aucune mesure concernant l'utilisation abusive du système d'amendes, et 37 pour cent des employés (23 pour cent des cadres supérieurs) ne feraient rien pour signaler un contrat fait sur mesure, ou mettre un terme à ce genre de contrat.

L'étude a également révélé que nombre de fonctionnaires connaissent peu, voire aucunement, l'existence ou le contenu de la politique gouvernementale en matière de conflits d'intérêts, et qu'environ le tiers des employés estiment que leur sécurité d'emploi serait compromise s'ils devaient signaler une affaire de conflits d'intérêts mettant en cause un superviseur ou un cadre supérieur du ministère. En ce qui concerne la connaissance par les fonctionnaires de la politique clé du gouvernement sur le traitement des actes illégaux commis contre la Couronne,[42] 57 pour cent des cadres supérieurs ne connaissaient pas l'existence de cette politique ou ne pouvaient en mentionner la moindre disposition.

Ces constatations semblent indiquer ce qu'on sait déjà à propos de l'étude de l'éthique en général, c'est-à-dire que les règles en matière d'éthique ne suffisent pas à assurer que tous les membres d'une organisation connaissent ces règles et savent quelle conduite il convient d'adopter sur le plan de l'éthique. Une formation en matière d'éthique peut aider à régler ce problème. L'étude du vérificateur général a démontré que quatre pour cent des employés dans les neuf ministères sondés avaient reçu une certaine formation dans le domaine de l'éthique. Au sein des gouvernements provinciaux, les ressources consacrées à ce genre de formation, qui étaient déjà rares, ont diminué en fait au cours des dernières années, en partie parce que les ressources affectées aux «compétences non techniques» comme l'éthique sont parmi les premières à être supprimées en période de restrictions financières.

Compte tenu des problèmes qui subsistent au niveau de l'éthique dans la fonction publique, dont il est question un peu partout dans ce document, et pour se préparer à relever les nouveaux défis du siècle dans ce domaine, les organisations publiques devraient évaluer la pertinence de leur régime déontologique.

IV

CONCEVOIR UN RÉGIME DÉONTOLOGIQUE

À la préoccupation du public à l'endroit de l'éthique gouvernementale qui a subsisté durant les vingt-cinq dernières années s'est joint un accroissement, léger mais constant, du nombre d'ouvrages érudits sur la question, tout particulièrement aux États-Unis. En se fondant sur ces ouvrages et sur l'expérience pratique des règles en matière d'éthique, on peut faire plusieurs affirmations quant à la composition d'un régime déontologique pour les organisations publiques. La culture de l'éthique et donc le besoin d'utiliser les diverses composantes du régime énoncées dans la prochaine section de ce document varient d'un gouvernement à l'autre et d'une organisation à l'autre au sein d'un même gouvernement.

On s'entend généralement pour dire que la confiance du public dans le gouvernement dépend d'une conduite conforme à l'éthique chez les titulaires de charge publique et que le niveau actuel de confiance est lamentablement bas. Le fait que la conduite discutable de politiciens est principalement à l'origine de la méfiance du public n'élimine pas la nécessité pour les fonctionnaires d'avoir un rendement élevé sur le plan de l'éthique. Cependant, la plupart des organisations publiques ne disposent pas d'un régime déontologique cohérent, détaillé et facile à comprendre, en vue de consolider la pratique et l'apparence d'une conduite conforme à l'éthique.

Les gouvernements s'entendent en général sur les questions qui devraient faire l'objet de règles en matière d'éthique, notamment les conflits d'intérêts sous leurs diverses formes, les activités politiques partisanes, les commentaires publics, l'équité en matière d'emploi, la discrimination, le harcèlement en milieu de travail et la confidentialité. La protection des renseignements personnels a, comparativement, peu retenu l'attention, sauf en tant que sous-produit des règles visant à garantir la confidentialité. À ce propos, il est révélateur que le vérificateur général ait recommandé que le gouvernement adopte un énoncé de principes généraux touchant «tous les groupes visés» (soit les ministres, les députés et les fonctionnaires); ces principes s'appliqueraient non seulement aux conflits d'intérêts mais aussi à des secteurs tels que la protection de la vie privée, la confidentialité et le harcèlement, qui ne sont pas régis par le code de conduite actuel.[43] Ce nouvel énoncé de principes se fonderait sur le code révisé (1994) régissant la conduite des titulaires de charge publique et apporterait des précisions à cet égard (voir l'annexe A).

Certaines organisations continuent de se fier grandement à des règles d'éthique tacites sous forme d'ententes et de pratiques, mais la tendance est à l'utilisation de règles écrites. Il est certainement préférable d'avoir des titulaires de charge publique qui discutent de l'*interprétation* de règles écrites que de les voir argumenter pour déterminer s'il existe en fait des règles. «Depuis Hammourabi, Moïse et Hippocrate, les codificateurs et les autorités chargées de l'application des lois se sont conformés à la théorie selon laquelle il est plus facile de bien agir lorsqu'on sait ce qu'il faut faire.»[44] De plus, l'absence de règles écrites, à l'instar de la pénurie de ressources pour la formation dans le domaine de l'éthique, reflète un manque d'engagement.

Les règles en matière d'éthique revêtent diverses formes, mais un code déontologique — ce document qui contient les lignes directrices concernant les principaux secteurs problématiques — constitue la forme la plus courante. Même si quelques gouvernements ont incorporé certaines règles d'éthique, surtout pour les politiciens, dans des lois, on a tendance en général à éviter d'enchâsser dans des lois des normes liées à l'éthique, comme on le fait couramment aux États-Unis. Quelle que soit la forme retenue, les règles en matière d'éthique doivent être élaborées avec soin et administrées rigoureusement.[45]

Certains secteurs à problème, tels que les conflits d'intérêts et la prévention de la fraude — points de mire de l'étude du vérificateur général — peuvent être gérés dans une grande mesure par voie de règles écrites. Toutefois, ces questions de premier plan constituent seulement une petite composante de la vaste sphère de l'éthique dans la fonction publique. Nombre d'autres questions liées à l'éthique, notamment des questions touchant les ressources humaines et des dilemmes comme le fait de décider à quel moment le mensonge est justifié ou de déterminer le degré approprié de risque pour la santé et la sécurité publique, ne peuvent être traitées facilement en se reportant à des règles d'éthique en général ou à un code déontologique en particulier. «Les codes ne doivent être que le point de départ d'une vaste enquête sur les dilemmes liés à l'éthique en milieu de travail.»[46]

Fait également notable, il se peut que certaines activités qui sont licites, permises et possibles en vertu de règles écrites puissent, en pratique, être contraires à l'éthique. Ainsi, même si les règles écrites peuvent assurer une plus grande certitude et rétrécir la portée de la discrétion personnelle, elles ne peuvent éliminer la nécessité de faire des choix en matière d'éthique. Peu importe à quel point les règles sont bien élaborées et bien administrées, il faut continuer de compter largement sur d'autres mesures et, en dernière analyse, sur le sens moral des divers fonctionnaires.[47]

De quelle façon peut-on s'assurer que les normes d'éthique personnelle sont suffisamment élevées et conformes à l'éthique organisationnelle? Outre les règles officielles, les principaux moyens à notre disposition sont l'éducation et le leadership, surtout en vue de promouvoir un dialogue dynamique sur l'éthique personnelle, organisationnelle et des politiques, et sur l'efficacité des règles existantes.[48]

On dispose de nombreuses données empiriques indiquant que l'éducation en matière d'éthique permet d'influencer la «sensibilisation aux problèmes d'ordre moral» et le «processus de raisonnement/jugement» chez les jeunes adultes dans la vingtaine et la trentaine.[49] C'est pourquoi on attache de plus en plus d'importance à la formation en matière d'éthique dans les programmes universitaires en administration publique. Des impressions et des faits anecdotiques indiquent en outre qu'une telle formation pour les personnes dans des groupes d'âge plus avancé peut les sensibiliser à l'aspect déontologique de leurs décisions, accroître leurs aptitudes à analyser les questions liées à l'éthique et réduire leur incertitude quant à ce qui constitue une conduite conforme à l'éthique. Nous nous proposons de poursuivre en milieu de travail le dialogue sur l'éthique amorcé en atelier. «La formation n'aidera pas ceux qui ne s'intéressent pas à l'éthique, mais pour ceux qui s'en soucient (soit la vaste majorité des fonctionnaires à tous les échelons du gouvernement), elle les aidera à accroître leur compréhension et leur sensibilité dans ce domaine.»[50]

Le leadership dans le domaine de l'éthique constitue le principal facteur déterminant d'une conduite conforme à l'éthique dans les organisations tant du secteur public que du secteur privé.[51] «Même les meilleurs codes de déontologie ou lignes directrices sur les conflits d'intérêts ne pourraient protéger les Canadiens contre les agissements d'un gouvernement qui ne serait pas fondamentalement honnête.»[52] Au sein du gouvernement, le rendement, du point de vue de l'éthique, des ministres et de leurs conseillers supérieurs de la fonction publique influence énormément le ton donné à l'ensemble de l'organisation dans le domaine de l'éthique. Le rendement des gestionnaires et des superviseurs qui ne se situent pas dans les échelons supérieurs est également important, compte tenu du fait qu'un leadership «satisfaisant» s'impose à tous les échelons de l'organisation. Ainsi, en plus de fournir un modèle exemplaire d'une conduite personnelle conforme à l'éthique, les cadres supérieurs devraient communiquer leurs attentes dans le domaine de l'éthique à l'ensemble de l'organisation — et devraient être tenus de rendre compte de leur rendement dans ce domaine. «Il se produit trop souvent des situations où des candidats sont nommés ou promus en ne tenant compte que des "chiffres", sans porter attention aux valeurs. À long terme, une telle attitude ne peut que faire du tort à la fonction publique, une organisation qui, plus que toute autre, dépend d'une culture et d'un génie du service.»[53]

La culture et le génie de la fonction publique en général, ainsi que des diverses organisations publiques, peuvent être formulés et communiqués en partie par voie d'énoncés de valeurs exprimant un engagement à l'endroit des valeurs partagées, notamment les valeurs liées à l'*éthique*. Ces énoncés de valeurs sont parfois décrits et promus en tant que codes déontologiques, mais ils contiennent habituellement des valeurs (par exemple, l'efficacité, l'innovation) qui ne sont pas généralement considérées comme des valeurs liées à l'éthique. La plupart des énoncés de valeurs contiennent au moins quelques valeurs liées à l'éthique qui peuvent servir à améliorer le climat d'une organisation sur le plan de l'éthique; ces énoncés ne devraient pas toutefois être considérés comme un substitut aux règles d'éthique en général ou aux codes déontologiques en particulier. Idéalement, un code déontologique traitant de questions telles que la confidentialité et le harcèlement en milieu de travail devrait compléter l'énoncé de valeurs faisant état de valeurs liées à l'éthique comme l'intégrité et l'équité, et y être relié de façon logique et explicite. Un énoncé des valeurs de l'organisation, ou des principes, peut fournir la base philosophique sur laquelle se fondent les règles en matière d'éthique. Ainsi, un code qui traite de domaines problématiques, tels que les conflits d'intérêts, la confidentialité et la participation à des activités politiques, met l'accent dans son préambule sur les valeurs que représentent la dignité, l'équité, le respect, le professionnalisme, la responsabilité, l'intégrité et l'impartialité.[54]

Comme on l'explique ci-dessous, un régime déontologique peut contenir diverses autres mesures qui complètent les principales composantes que sont les règles, l'éducation et le leadership.

V

COMPOSANTES D'UN RÉGIME DÉONTOLOGIQUE

Les mesures énoncées ci-dessous sont conçues pour s'appliquer à la fonction publique, mais elles peuvent être jointes aux mesures qui s'appliquent à l'ensemble du gouvernement, c'est-à-dire, tant aux politiciens qu'aux fonctionnaires. Certaines de ces composantes figurent dans la section du rapport du vérificateur général portant sur les «éléments possibles» d'un cadre de l'éthique.

1. Fonder la nomination et la promotion de tous les fonctionnaires, tout particulièrement les dirigeants, sur l'évaluation du rendement en matière d'éthique.

    Nota : Le Bureau du Contrôleur général du Nouveau-Brunswick exige que les employés apposent leur signature «tous les ans, dans le cadre de leur évaluation du rendement, pour montrer qu'ils comprennent le [Code de conduite]».

2. Un énoncé des valeurs, notamment des valeurs liées à l'éthique, soit dans le cadre d'un plan stratégique, soit en tant que document distinct.

    Nota : Ce document est parfois décrit comme un credo ou un énoncé de principes ou de philosophie.

3. Un code déontologique (ou de conduite), relié à un énoncé de valeurs (s'il en existe un), qui expose les principes généraux d'une conduite conforme à l'éthique.

   Nota : S'il existe un énoncé gouvernemental sur l'éthique, il peut être élaboré au moyen de divers sous-codes qui répondent aux besoins de catégories précises de titulaires, par exemple, les ministres, les législateurs, les fonctionnaires, les employés d'un organisme d'État.

4. Des précisions apportées au code, généralement sous forme de commentaires sous chaque principe, lesquelles expliquent plus à fond la signification du principe ou illustrent les violations de celui-ci.

5. Un renvoi à l'existence des règles en matière d'éthique (lois, règlements, etc.) se rapportant aux secteurs problématiques traités dans le code ou à des secteurs abordés ailleurs.

   Nota : Les règles sur des questions comme le harcèlement et la discrimination font souvent partie intégrante d'une convention collective entre le gouvernement et le syndicat de l'employé.

6. Des précisions apportées au code, soit à la suite de chaque principe, soit dans une partie distincte, en vue d'adapter les principes du code en fonction des besoins particuliers des diverses organisations.

   Nota : Les lignes directrices en matière de conflits d'intérêts de Services à la famille du Manitoba complètent les lignes directrices gouvernementales, afin de tenir compte du problème particulier que posent les employés qui collaborent étroitement avec des organismes communautaires, mais participent également à la vie de la collectivité en leur qualité de citoyens.

7. Des dispositions en vue d'administrer le code, notamment la publicité, les sanctions pour toute violation et les dispositions concernant les griefs.

   Nota : L'une des techniques pour faire connaître le code, surtout en ce qui concerne les conflits d'intérêts, consiste à le faire circuler chaque année à tous les employés et à leur demander de signer pour attester qu'ils l'ont lu et compris.

8. Un conseiller en éthique, qui assumera des fonctions administratives et de consultation auprès des hauts fonctionnaires à l'échelle du gouvernement.

    Nota : Un conseiller en éthique pourrait également accomplir des fonctions en matière d'enquête et d'éducation. Il pourrait exécuter les mêmes fonctions pour les ministres.

9. Un conseiller en éthique, un protecteur des employés ou un comité, qui donnerait des conseils sur les règles et les questions liées à l'éthique au sein d'un ministère ou d'un organisme.

10. Une formation en matière d'éthique pour les fonctionnaires, en commençant par les échelons les plus élevés et les nouveaux employés.

Ces approches peuvent être complétées par d'autres mesures qui sont moins courantes ou plus controversées que celles mentionnées ci-dessus.

11. Une évaluation dans le domaine de l'éthique, en vue d'évaluer les politiques et les modalités qu'utilise une organisation pour préserver et favoriser une conduite conforme à l'éthique.[55]

    Nota : Selon le degré de perfectionnement du régime déontologique existant, la vérification peut être faite soit avant que l'une des mesures précitées soit adoptée, soit comme moyen d'évaluer un régime déjà en place.

12. La mention de facteurs liés à l'éthique, délibérément et à intervalles réguliers, au cours des réunions et par voie d'autres moyens de communication tels que les bulletins.

13. Une ligne d'assistance téléphonique confidentielle que les fonctionnaires peuvent utiliser pour discuter de leurs inquiétudes au sujet de leur conduite personnelle sur le plan de l'éthique ou de la conduite d'autres personnes.

14. L'utilisation des entrevues de départ (c'est-à-dire, des entrevues avec les employés qui quittent l'organisation) pour obtenir leur point de vue sur la culture de l'organisation sur le plan de l'éthique.

L'objectif de la présentation de ces composantes d'un régime déontologique est d'encourager les organisations publiques à adopter une approche systématique pour promouvoir une conduite conforme à l'éthique. Toutefois, les mesures choisies doivent être fonction des exigences particulières de chaque organisation. Ce qu'on a dit des codes de conduite tient également pour l'ensemble des programmes liés à l'éthique, c'est-à-dire que ceux-ci «devraient être élaborés à partir d'une riche base de données empiriques, être compréhensibles dans le climat de l'organisme particulier, avoir du sens pour ceux auxquels ils s'appliquent, être réalistes...Le but est de mettre en évidence le fait que les normes d'honnêteté vont de pair avec celles de l'efficacité et de la compétence.»[56] Un régime déontologique contenant une sélection appropriée des mesures exposées ci-dessus peut aider à faire de l'éthique une composante du processus quotidien de dialogue et de prise de décisions. En ce qui touche la prise de décisions gouvernementales, les facteurs liés à l'éthique sont étroitement associés aux facteurs politiques et de gestion, et ces trois aspects sont essentiels pour assurer une juste gouvernance.

NOTES

1. Ce document avait été initialement préparé en tant que document de travail pour le groupe d'étude du Centre.

2. Vérificateur général, «Rapport du vérificateur général — mai 1995», chap. 1 sur *La sensibilisation à l'éthique et à la fraude au gouvernement* (Ottawa : Ministre des Approvisionnements et Services Canada, 1995).

3. Ibid., p. 1-7.

4. Ibid., p. 1-10. Le rapport reconnaît explicitement que les domaines des conflits d'intérêts et de la fraude ne constituent qu'une composante seulement du vaste domaine que représente l'éthique gouvernementale.

5. Ibid., p. 1-26.

6. Ces données ont été recueillies dans le cadre d'une étude plus vaste portant sur les valeurs organisationnelles. Le taux de réponse a été de 42 pour cent (342 réponses sur 816 demandes d'information transmises par la poste). Pour obtenir les constatations sur les valeurs organisationnelles, voir Kenneth Kernaghan, «The Emerging Public Service Culture: Values, Ethics, and Reforms», *Canadian Public Administration*, vol. 37, n° 4 (hiver 1994) : p. 614 à 630.

7. Voir Kenneth Kernaghan, *Comportement professionnel : directives à l'intention des fonctionnaires.* (Toronto : Institut d'administration publique du Canada, 1975).

8. Voir T. Edwin Boling et John Dempsey, «Ethical Dilemmas in Government: Designing An Organizational Response», *Public Personnel Management*, vol. 10 (1981) : p. 11 à 19.

9. Elaine Todres, «The Ethical Dimension in Public Service», *Canadian Public Administration*, vol. 34 (printemps 1991) : p. 13.

10. George Thomson, «Personal Morality in a Professional Context», *Canadian Public Administration*, vol. 34 (printemps 1991) : p. 29.

11. Kernaghan, *Comportement professionnel : directives à l'intention des fonctionnaires*.

12. Dans le présent document, le terme «règles en matière d'éthique» se rapporte aux lois, aux règlements et aux lignes directrices portant sur une conduite conforme à l'éthique, notamment aux codes déontologiques.

13. De 1984 à 1989, 35 allégations de conflits d'intérêts touchant des ministres ont été signalées. Voir Ian Greene, «Conflict of Interest and the Canadian Constitution: An Analysis of Conflict of Interest Rules of Canadian Cabinet Ministers», *Canadian Journal of Political Science*, vol. 23 (juin 1990) : p. 223.

14. Voir John Langford, «Conflit d'intérêts : c'est quoi au juste?», *Optimum*, vol. 22 (1991-1992) : p. 31 à 36. Voir également Kenneth Kernaghan et John Langford, *The Responsible Public Servant* (Toronto : Institut d'administration publique du Canada et Halifax : Institut de recherches politiques, 1990), chap. 6 pour une discussion sur les huit types de conflits d'intérêts pouvant toucher les fonctionnaires.

15. Michael Starr et Mitchell Sharp, les coprésidents, *L'éthique dans le secteur public : rapport du Groupe de travail sur les conflits d'intérêts* (Ottawa : Ministre des Approvisionnements et Services Canada, 1984).

16. La version révisée (1994) de ce code figure à l'annexe A.

17. Conseil du Trésor, *Code régissant les conflits d'intérêts et l'après-mandat s'appliquant à la fonction publique* (Ottawa : Ministre des Approvisionnements et Services Canada, 1985).

18. Kernaghan, «The Emerging Public Service Culture», p. 620. La plupart des énoncés de valeurs sur lesquels l'étude se fondait ont été formulés du milieu des années 80 à la fin des années 80.

19. Voir, par exemple, Mary E. Guy, *Ethical Decision Making in Everyday Work Situations.* (Westport, Conn. : Quorum Books, 1990) : p. 14.

20. En fait, cela constituait un thème important d'un ouvrage sur l'éthique dans la fonction publique, qui avait été publié cette année-là. Voir Kernaghan et Langford, *The Responsible Public Servant*, surtout le chap. 1.

21. Pour obtenir un excellent résumé des règles sur les conflits d'intérêts au sein des gouvernements fédéral, provinciaux et territoriaux, voir le Bureau du

conseiller en éthique, *Les conflits d'intérêts au Canada : tableaux comparatifs, 1994* (Ottawa : Bureau du conseiller en éthique, 1994).

22. Law Reform Commission of British Columbia, *Conflicts of Interest: Directors and Societies*, un document de discussion. (Vancouver : Law Reform Commission of British Columbia, 1993) : p. 143.

23. Ibid.

24. Bureau du premier ministre, *Communiqué*, 16 juin 1994. Les dix principes du code figurent à l'annexe A.

25. *Osborne c. Canada (Conseil du Trésor)* (1991) 82 DLR (4ᵉ) 321 (S.C.C.).

26. Conseil du Trésor. *Droits et responsabilités des employés en matière d'activités politiques pendant les élections (Principes et lignes directrices),* septembre 1993.

27. Voir Sharon Sutherland, «The Al-Mashat Affair: Administrative Accountability in Parliamentary Institutions», *Canadian Public Administration*, vol. 34 (hiver 1991) : p. 573 à 603.

28. *La sensibilisation à l'éthique et à la fraude au gouvernement*, p. 1-25.

29. Ibid., p. 1-26.

30. Les dispositions législatives liées au programme de protection des dénonciateurs ont été ajoutées en tant que Partie IV, intitulée Protection des dénonciateurs, dans la *Loi sur la fonction publique*. La loi a été adoptée en 1994 mais, en octobre 1995, elle n'avait pas encore été promulguée.

31. Pour une discussion sur les services de protecteur des employés offerts dans les organisations d'affaires, voir David Nitkin, «Corporate Ombudsman Programs», *Canadian Public Administration*, vol. 34, nᵒ 1 (printemps 1991) : p. 177 à 183.

32. Voir Mary Margaret Dauphinee et Ceta Ramkhalawansingh, «Ethics of Managing a Diverse Workforce in Government», *Canadian Public Administration*, vol. 34, nᵒ 1 (printemps 1991) : p. 50 à 56.

33. Voir, par exemple, Ontario, *Management Board of Cabinet, Breaking Down the Barriers: Report of the Human Resources Secretariat Employment Systems Review Taskforce* (mai 1991) : 2.

34. Carol W. Lewis, *The Ethics Challenge in Public Service* (San Francisco : Jossey-Bass, 1991), p. 166.

35. «Ethics and Public Administration: Some Assertions» dans éd. H. George Frederickson, *Ethics and Public Administration* (New York : M.E. Sharpe, 1993), p. 250.

36. Bureau du premier ministre, *Communiqué*, 4 novembre 1993, p. 3. Accentuation ajoutée.

37. Dans le cadre de cette étude, on a interviewé 329 fonctionnaires dans quatre ministères fédéraux «par échantillonnage aléatoire stratifié en deux catégories : les cadres supérieurs et les fonctionnaires.» *La sensibilisation à l'éthique et à la fraude au gouvernement*, p. 1-9.

38. Ibid., p. 1-16.

39. Ibid.

40. Ibid., p. 1-19.

41. Ibid.

42. Intitulé *Pertes de fonds et infractions et autres actes illégaux commis contre la Couronne*. Voir ibid., p. 1-12.

43. Ibid., p. 1-24 et 1-25.

44. Carol W. Lewis, «Ethics Codes and Ethics Agencies: Current Practices and Emerging Trends», dans Frederickson, *Ethics and Public Administration*, p. 136.

45. Pour obtenir des suggestions sur l'élaboration d'un code déontologique et l'administration de celui-ci par voie de la publicité, de l'application et de dispositions concernant les griefs, voir Kernaghan, *Comportement professionnel : directives à l'intention des fonctionnaires*.

46. Sisela Bok, *Lying: Moral Choice in Public and Private Life* (New York : Random House, 1987), p. 250.

47. Pour une analyse détaillée de cet argument, en ce qui touche la province de l'Ontario, voir Kenneth Kernaghan, «Rules Are Not Enough: Ethics, Politics and Public Service in Ontario» dans éd. John W. Langford et Allan Tupper, *Corruption, Character and Conduct: Essays on Canadian Government Ethics* (Toronto : Oxford University Press, 1993), p. 174 à 196.

48. Pour plus de précisions sur ce point, voir Kenneth Kernaghan, «Managing Ethics: Complementary Approaches», *Canadian Public Administration*, vol. 34, n° 1 (printemps 1991) : p. 132 à 145.

49. James B. Rest, «Can Ethics Be Taught in Professional Schools? The Psychological Research», *Ethics: Easier Said Than Done* 1 (hiver 1988) : p. 23.

50. Harold F. Gortner, «How Public Managers View Their Environment: Balancing Organizational Demands, Political Realities and Personal Values» dans éd. James S. Bowman, *Ethical Frontiers in Public Management* (San Francisco : Jossey-Bass, 1991), p. 59 et 60.

51. Voir Kernaghan, «Managing Ethics», p. 143 et 144.

52. *La sensibilisation à l'éthique et à la fraude au gouvernement*, p. 1-24.

53. Ole Ingstrup, *Le renouvellement de la fonction publique : des moyens aux finalités*, Explorations n° 4 (Ottawa : Ministre des Approvisionnements et Services, 1995), p. 22.

54. Ville de Richmond Hill, Ontario, *Code of Conduct*.

55. Voir le modèle de vérification liée à l'éthique dans Lewis, *The Ethics Challenge in Public Service*, p. 199 à 202.

56. Robert C. Wood, cité dans ibid., p. 158.

ANNEXE A

*Code régissant la conduite des titulaires de charge publique en ce qui concerne les conflits d'intérêts et l'après-mandat**

PRINCIPES

3.   Le titulaire d'une charge publique doit se conformer aux principes suivants :

Normes en matière d'éthique

(1)   Il agira avec honnêteté ainsi que selon des normes supérieures en matière d'éthique de façon à préserver et à faire croître la confiance du public dans l'intégrité, l'objectivité et l'impartialité du gouvernement.

Examen public

(2)   Il doit exercer ses fonctions officielles et organiser ses affaires person-nelles d'une manière si irréprochable qu'elle puisse résister à l'examen public le plus minutieux; pour s'acquitter de cette obliga-tion, il ne lui suffit pas simplement d'observer la loi.

---

*   Canada, *Code régissant la conduite des titulaires de charge publique en ce qui concerne les conflits d'intérêts et l'après-mandat* (Ottawa : Bureau du conseiller en éthique, juin 1994), p. 2 et 3.

Prise de décision

(3)   Il doit, dans l'exercice de ses fonctions officielles, prendre toute décision dans l'intérêt public tout en considérant le bien-fondé de chaque cas.

Intérêts personnels

(4)   Outre ceux qui sont autorisés par le présent code, le titulaire ne doit pas conserver d'intérêts personnels sur lesquels les activités gouvernementales auxquelles il participe pourraient avoir une influence quelconque.

Intérêt public

(5)   Dès sa nomination, il doit organiser ses affaires personnelles de manière à éviter les conflits d'intérêts réels, potentiels ou apparents; l'intérêt public doit toujours prévaloir dans les cas où les intérêts du titulaire entrent en conflit avec ses fonctions officielles.

Cadeaux et avantages

(6)   Mis à part les cadeaux, les marques d'hospitalité et les autres avantages d'une valeur minime, il lui est interdit de solliciter ou d'accepter le transfert de valeurs économiques, sauf s'il s'agit de transferts résultant d'un contrat exécutoire ou d'un droit de propriété.

Traitement de faveur

(7)   Il lui est interdit d'outrepasser ses fonctions officielles pour venir en aide à des personnes, physiques ou morales, dans leurs rapports avec le gouvernement, lorsque cela peut donner lieu à un traitement de faveur.

Position d'initié

(8)   Il lui est interdit d'utiliser à son propre avantage ou bénéfice des renseignements obtenus dans l'exercice de ses fonctions officielles et qui, de façon générale, ne sont pas accessibles au public.

Biens du gouvernement

(9)   Il lui est interdit d'utiliser directement ou indirectement les biens du gouvernement, y compris les biens loués, ou d'en permettre l'usage à des fins autres que les activités officiellement approuvées.

Après-mandat

(10) À l'expiration de son mandat, il a le devoir de ne pas tirer un avantage indu de la charge publique qu'il a occupée.

VOTRE POINT DE VUE A DE L'IMPORTANCE...

Le CCG est heureux que vous ayez obtenu un exemplaire de cette publication et espère que celle-ci a répondu à vos attentes. Nous aimerions que vous répondiez aux questions suivantes et que vous nous transmettiez, le cas échéant, vos observations afin que nous puissions évaluer l'intérêt et l'utilité de ce document et mieux planifier dans l'avenir nos activités en matière de publication.

Faites-nous part de votre réaction à l'égard des énoncés suivants en encerclant le chiffre approprié.

1	*2*	*3*	*4*	*5*	*6*
Pas d'accord du tout	*Pas d'accord*	*Pas tout à fait d'accord*	*Passablement d'accord*	*D'accord*	*Tout à fait d'accord*

Cette publication m'a permis d'obtenir des perceptions et des informations utiles.	*1*	*2*	*3*	*4*	*5*	*6*
La longueur et le mode de présentation de la publication sont appropriés.	*1*	*2*	*3*	*4*	*5*	*6*

Cette publication

m'a fourni de nouvelles optiques utiles sur la nature du gouvernement contemporain et le contexte dans lequel il évolue.	*1*	*2*	*3*	*4*	*5*	*6*
m'aide à comprendre les défis auxquels la fonction publique est actuellement confrontée ou pourrait être confrontée dans l'avenir.	*1*	*2*	*3*	*4*	*5*	*6*
influera sur mon comportement et mes pratiques de gestion/leadership.	*1*	*2*	*3*	*4*	*5*	*6*

Autres observations (Si vous avez besoin de plus d'espace pour vos observations, vous pouvez les écrire au verso.)

Données personnelles : Soyez assuré que nous demandons les questions suivantes uniquement afin que notre base de données soit plus complète. Répondez en utilisant le chiffre approprié.

1. Âge	2. Années dans la fonction publique	3. Votre groupe et niveau	4. Non-fonctionnaire canadien	5. Sexe
1_____ 25-30	1_____ 0-5	1_____ SM/SM associée	1_____ Autre fonctionnaire	1_____ Homme
2_____ 31-35	2_____ 6-10	2_____ SMA (EX 4 et 5)	2_____ Université/collège	2_____ Femme
3_____ 36-40	3_____ 11-15	3_____ EX (1 à 3)	3_____ ONG	
4_____ 41-45	4_____ 16-20	4_____ EX niveau équivalent	4_____ Autre	
5_____ 46-50	5_____ 21-25	5_____ EX moins 1	5_____ Autre pays	
6_____ 51-55	6_____ 26-30	6_____ EX moins 2	_____	
7_____ 56-60	7_____ 31-35	7_____ Autre		
8_____ 61-65				

Lisez-vous les publications du CCG à intervalles réguliers? Oui Non	*Avez-vous présenté vous-même une demande pour obtenir un exemplaire de cette publication?* Oui Non
Comment avez-vous entendu parler de cette publication? ❏ *d'un collègue* ❏ *dans une autre publication du CCG* ❏ *autre (précisez ci-dessous)*	*Si vous aimeriez que notre liste de publications contienne des publications portant sur d'autres sujets, veuillez indiquer ici quels sont ces sujets.*

Veuillez nous faire parvenir vos observations aux coordonnés au verso.

Veuillez faire parvenir vos observations au :

Groupe de la recherche
Centre canadien de gestion
C.P. 420, succursale «A»
373, promenade Sussex, 4ième étage
Aile B, Campus De La Salle
Ottawa (Ontario)
K1N 8V4

N° de téléphone : (613) 947-3682
N° de télécopieur : (613) 995-0286

Autres observations (suite)

_____

_____

_____

_____

_____

_____

_____

_____

_____

_____

_____

_____

_____

_____

_____

Publications du CCG en gestion publique

Apprentissage et perfectionnement des cadres

P46F   La révolution stratégique au niveau du perfectionnement des cadres : qu'est-ce que cela signifie pour vous et votre organisme? *Ole Ingstrup*, 1995/02

L'apprentissage permanent : un rapport du CCG, 1994/05

P34F   — Version intégrale
P35F   — Résumé

Le leadership dans un monde en évolution : le développement du potentiel directorial, *Peter Larson, Robert Mingie*, 1992/10

P24F   — Rapport détaillé
P17F   — Points saillants

P6F   L'apprentissage en milieu structuré : le contexte de l'administration publique, *R. Bruce Dodge*, 1991/06

La gouvernance dans un environnement en évolution

P64F   La gestion publique dans le nouveau millénaire : *à quel point* réduire la présence gouvernementale? *Arthur Kroeger*, 1996/05

Techniques de gestion pour le secteur public : de la doctrine à la pratique, *Christopher Pollitt*

P53F   — Version intégrale, 1995/07
P59F   — Résumé, 1995/10

P52F   La gestion de l'incohérence : le dilemme de la coordination et de la responsabilisation, *B. Guy Peters, Donald J. Savoie,* 1995/07

P47F   Le renouvellement de la fonction publique : des moyens aux finalités, *Ole Ingstrup*, 1995/03

P45F   La série Dewar : perspectives sur la gestion publique
Repenser le gouvernement, *Centre canadien de gestion*, 1994/12

P31F   La fonction publique, l'état en transition et la fonction gouvernementale, *B. Guy Peters*, 1993/12 (Réimprimé 1995/03)

Mondialisation et gestion publique, *Donald J. Savoie*

P30F   — Version intégrale, 1993/12 (Réimprimé 1995/02)
P44F   — Résumé, 1994/11

P29F   Réinventer Osborne et Gaebler : leçons à tirer des travaux de la Commission Gore, *B. Guy Peters, Donald J. Savoie*, 1993/11

Les politiques et la gouvernance

P62F   La capacité des pouvoirs publics d'élaborer des politiques, *B. Guy Peters*, 1996/06

P60F   Repenser les politiques : renforcer la capacité d'élaborer les politiques : rapport d'un colloque, 1996/01

P58F   Repenser les politiques : perspectives sur les politiques publiques, *John C. Tait, Mel Cappe*, 1995/10

Les sous-ministres et la gestion stratégique

P32F   Les chefs de cabinet de ministres du gouvernement fédéral en 1990 : profils, recrutement, fonctions et relations avec la haute fonction publique, *Micheline Plasse*, 1994/04

P23F   Gestion stratégique dans la fonction publique : l'évolution du rôle du sous-ministre, *Frank Swift*, 1993/11

P22F   La planification stratégique dans l'administration gouvernementale : une comparaison Ottawa-Québec, *Mohamed Charih, Michel Paquin*, 1993/11

Qu'est-ce que la gestion dans le secteur public? Perspective inspirée par une expérience personnelle, *A.W. Johnson*

P21F   — Version intégrale, 1993/05 (Réimprimé 1994/12)
P28F   — Résumé, 1993/05

Comment évaluer un haut fonctionnaire? La réponse des sous-ministres fédéraux, *Jacques Bourgault, Stéphane Dion*, 1993/03

P19F   — Version intégrale
P27F   — Résumé

P7F   L'évolution du profil des sous-ministres fédéraux, 1867-1988, *Jacques Bourgault, Stéphane Dion*, 1991/07

Le processus consultatif

P42F   Gérer une commission royale : un modèle de planification et d'organisation découlant de l'expérience de la Commission royale sur le transport des voyageurs au Canada, *Janet R. Smith, R. Anne Patterson*, 1994/10

P15F   Le Secrétariat des conférences constitutionnelles : une réponse originale à un défi en gestion publique, *Peter Harrison*, 1992/06

P14F   La consultation : lorsque le but est de prendre de bonnes décisions, *R. Anne Patterson, Rod A. Lohin, D. Scott Ferguson*, 1992/06

P10F   Le Forum des citoyens sur l'avenir du Canada : rapport sur le processus consultatif, *Wendy Porteous*, 1992/03

A Case Study in Multi-Stakeholder Consultation: The Corporate History of the Federal Pesticide Registration Review, or How We Got From There to Here, *Hajo Versteeg*, 1992/03 [Résumé en français]

P9E1   Volume 1. General Principles for Decision Makers
P9E2   Volume 2. Practical Considerations for Process Managers and Participants

P8F   Les gestionnaires du secteur public et les milieux d'orientation : apprendre à relever de nouveaux défis, *Evert A. Lindquist*, 1991/09

Service et qualité

P25F   Des principes aux résultats: l'amélioration de la qualité du service au sein des organismes du secteur public, *Tim Plumptre, Donald Hall*, 1993/10

Application de la Charte des droits des citoyens du Royaume-Uni,
G. Bruce Doern, 1992/12

P18F   — Version intégrale
P26F   — Résumé

La restructuration et l'amélioration des processus

P51F   La réingénierie dans la fonction publique : promesse ou danger? *Ole Ingstrup,*
1995/04

La dimension humaine de la gestion

P43F   La rétroaction ascendante à la fonction publique, *Sharon Varette,*
Eric Phillips-Beaudan, 1994/11

Gérer l'évolution de l'organisation

P48F   Relever le défi : gérer le changement dans les années quatre-vingt-dix,
David Shepherdson, 1995/04

P16E   Managing Public Sector Divestment, *Taïeb Hafsi, Jan J. Jörgensen*, 1992/06
[Résumé en français]

P13F   Un bon départ : la mise en oeuvre de la TPS par Revenu Canada, Douanes et
Accise, *Mike Smith*, 1992

P5F   Notre cheminement : le renouveau organisationnel des services correctionnels
fédéraux, *Livre écrit par les membres du personnel et les détenus du Service
correctionnel du Canada*, 1991

P4E   Innovation in the Public Service, *James Iain Gow*, 1991/03
[Résumé en français]

Organismes de service spéciaux

P61F   Questions pour les ministères d'attache et les agences centrales, *Alti Rodal*, 1996/04

P57F   Autonomie, responsabilité et mesure du rendement, *J. David Wright*, 1995/10

Vue d'ensemble du projet des organismes de service spéciaux, *J. David Wright,
Graeme Waymark*, 1995/08

P54F   — Version intégrale
P55F   — Résumé

Historique des organismes

P33F   Le Centre canadien de gestion : les premières années, *John Hunter*, 1994/05

P3E   A History of the Patented Medicines Prices Review Board:
The Early Years, *Eric A. Milligan*, 1991/03 [Résumé en français]

Autres publications

P12E   The Accountability of Mixed Corporations, *Asit K. Sarkar, Jack G. Vicq*, 1992/05
[Résumé en français]

P1F   Comment préparer et présenter des séances et des cahiers d'information de
qualité supérieure, *Roderick G. Quiney*, 1991/02

BON DE COMMANDE

On peut obtenir les publications en s'adressant aux :

Services administratifs
Centre canadien de gestion
373, promenade Sussex, 1er étage
Aile B, Campus De La Salle
C.P. 420, succursale «A»
Ottawa (Ontario)
K1N 8V4

Nº de téléphone :   (613) 943-8370
Nº de télécopieur :   (613) 995-0331

Nº	Qté	Nº	Qté	Nº	Qté	Nº	Qté

Nom et adresse

Nº de téléphone : _____